JN033555

「ディクトグロス」を取り入れた 英語力を伸ばす学習法・指導法

Learning and Teaching Method by Dictogloss to Improve EFL Learners' English Ability

英語を聞いてメモをする，そしてそのメモを基に，語句・文構造・文法・世界知識など，持っている様々な知識を総動員して，元の英文を復元していくディクトグロス。その理論的背景や実証研究，それらに基づいたスモールステップの練習方法や数々の練習問題がすべて集約されたこの一冊。英語教師も英語学習者も「こんな学習方法があったのか」とその魅力を新発見できる「ディクトグロス」を取り入れた英語力を伸ばす学習法・指導法。

Masahiro Maeda

Learning and Teaching Method by Dictogloss to Improve EFL Learners' English Ability

新学習指導要領対応

「ディクトグロス」を取り入れた英語力を伸ばす学習法・指導法

前田 昌寛［著］

開拓社

音声ファイルのダウンロード／ストリーミング

音声マーク表示がある箇所は，下の HP より無料でダウンロード／ストリーミングすることができます。一部の音声には，少しゆっくり & 文と文にポーズ入りが用意されています。

http://www.kaitakusha.co.jp/book/book.php?c=2296

本書は，金沢星稜大学「研究成果出版助成」を受けています。

はじめに

筆者がディクトグロスと初めて出合ったのは2006年のことでした。ある先生が筆者の授業を見に来られたことがきっかけです。その先生は授業を参観したあと，筆者に対して，「今日の授業でディクテーションを取り入れていましたが，その目的は何ですか？」「そして，生徒はどんな力が付きましたか？」と，真正面からの質問をされました。しかし，恥ずかしながら，ディクテーションは一般論として「英語力向上に役立つ」程度にしか考えていなかった筆者は，その真正面からの質問にうまく答えることができず，たじろいでしまいました。答えることができなかった悔しさと同時に，授業で行っている**ひとつひとつの活動の意義や目的，その効果を見つめ直す必要性**を感じました。これがまず，ディクトグロスの研究につながる，ディクテーションをなぜ授業のその場面で取り入れようとしていたのか，そしてディクテーションにはどのような効果があり，生徒はどのような力が付いたのかという研究と検証を始めたきっかけです。ご存じのとおり，ディクテーションは英語を聞いて，音声を文字化します。既に流れ終わって情報として消えてしまった音声の代わりに，残っているのは断片的な文字情報であり，それを英文として完成させるにはどのような能力が必要となってくるのであろうか，ということを考えていました。それを調べていたところ，Wajnryb (1990) が書いた *Grammar Dictation* (Oxford University Press) という本に出合ったのです。そしてこの研究は「ディクトグロス」という活動につながるのだと，この時に初めて知りました。また，よくよく考えてみると，音声をインプットとして必要なことをメモに取り，あとで（頭の中で）復元するというアウトプットは，例えば授業や講義を聞いてメモを取り，あとで復習したりほかの人に伝えたり，あるいは電話で話していてメモを取り，あとで内容を思い出すなど，**日常生活の中でも自然と行っている行動である**ことに気づきました。そうしてディクトグロスの魅力に引き込まれ，2008年の日本英語検定協会「第20回英検研究助成」の入選をきっかけとして，日本人英語学習者にとってディクトグロスはどのような効果があるのか，インプットの音声の質やスピードを変えると，アウトプットとしてのディクトグロスの成果にどのような影響が現れるのか，そもそもメモを効果的に取れるのは学習者の英語能力とどのような関係があるのか，メモの量とディクトグロスの成果にはどのような関係があるのか，母語である日本語でメモを上手に取れる学習者は英語でも上手にメモを取ることができるのかなど，次々と疑問が出てきて，筆者の現在の研究に至っています。

話は変わりますが，筆者が学生の頃，運動中は「水を飲むな」という指導を受けてきました。どちらかと言えば「根性主義」に基づく経験則からの指導でした。とにかく数・量・時間が多いほうがよいという考え方です。それが今では，しっかりと科学的な根拠に基づいたスポーツ指導が広がり始めています。昔の常識は，今の非常識かもしれないのです。これは英語教育にも同じことが言えるのではないでしょうか。

「『昔はよかった』とは，進歩についてゆけぬ人の言葉である」

これは河合隼雄氏のことばです（河合，1998，pp.162–165）。もちろん指導するにあたって過去の経験は役に立つものです。教育はデジタル的なものばかりではなく，多くのアナログ的なものの上に成り立っています。デジタル的に「この場合はこう」と紋切り型のマニュアルが適合することは少なく，個や集団，時期や時代に応じて経験や勘を活かすアナログ性が必要です。しかし，「自分が指導されたように指導をする」，つまり自己の経験の枠の中に立ち止まって他者の経験や科学的な検証を遠ざけるのではなく，新しくわかったことを取り入れ変わっていく「進歩」が大事だと考えています。学習には努力することは不可欠ですが，テスト漬けで追い込むような根性主義の英語教育から，科学的な成果を取り入れた英語教育への転換が必要なのです。上でスポーツの話をしましたが，学生時代に部活動で活躍していても，その後の人生でその競技を続けている人はどのくらいの割合でいるのでしょうか。筆者は高校に勤務していたころ，卒業を控えた生徒に，「高校を卒業したあとも○○（スポーツ名）を続けるの？」とよく尋ねていました。その時，多くの生徒から「卒業後はやめます」とか「部活動としては嫌なので，サークルとして楽しくならやります」という返事が返ってきました。勝利を目指して厳しい練習も時には必要なのかもしれませんが，その結果，その競技をもう続けたくないという気持ちになってしまったのなら，とてももった

いないことです。また，前出の河合氏は，

「耐えるだけが精神力ではない」

とも述べています（河合，1998，pp.110–113）。精神力＝耐えること，というイメージが日本にはびこっています。しかし，本当の精神力とは，追い込まれた時に「イマジネーション」を働かせて乗り越えられる，しなやかな強さのことでもあるのです。毎日のようにテストをして追い込んだ結果，生徒の点数は伸びたけれども，大学に進学して「耐えてきた（受験）英語をこれでやっと勉強しなくてもすむ」と学習者に思わせるような英語教育であってはならないと思っています。学ぶ学習者の心がトキメクような英語学習・指導法，英語って面白いな，もっと学びたいな，という気持ちにさせられる英語学習・指導法，生涯にわたり一生続けたいと思わせられる英語学習・指導法を目指したいものです。本書は，そのような考え方に基づき，新しい英語学習法・指導法であるディクトグロスについての研究成果をまとめ，英語力が伸びる学習法・指導法を提案しています。

現代は，体系的な知識として資格や学位など習得の有無が目でわかる**ハードスキル**と並んで，コミュニケーション能力・創造力・協調性・自発性・リーダーシップなど目に見えない**ソフトスキル**がより一層大切な世の中となってきました。黙って静かに聞いていることから，自分の意見を述べ合うディベートを更に越えて，互いを尊重し協働してより良い結論を導き出すことが重要であることは，互いに譲らず相手を尊重しない自己主張が目に余る混沌とした世界を見れば明らかでしょう。筆者はある時授業で，Which do you like better, A or B? という発問をしました。ある女子生徒が返答につまり，コミュニケーションをしている教室が「しーん」と一気に静まり返ってしまいました。筆者はその静寂に耐えかねて，あの手この手で A か B を選ばせようと試みたのですが，その時その女子生徒は，Actually, I don't like either. How about C? と，第三の案 C を提案してきました。少し沈んだ雰囲気だった教室が，一気に花が開いたように「おー」というほかの生徒たちの声とともに，その女子生徒の表情からは言いたいことが言えたという達成感がうかがえました。同時に，紋切り型に「A か B を選べ」と硬い頭だった自分を反省しました。その女子生徒は，ハードスキルで身に付けられる「正解はひとつ」という概念を乗り越え，「A と B から，C という第三案」を創造したのです。そのようなソフトスキルを身に付けるプロセスとしても，このディクトグロスが活躍するでしょう。

本書は第 I 部として，ディクトグロスに関する理論について調査・研究したことをまとめています。また，第 II 部では，その理論に基づいて開発したディクトグロスに向けたスモールステップの練習方法の紹介と，ディクトグロス用の英文，ディクトグロスの効果を高めるための文法の概念や機能としての解説，使用場面，練習問題を載せています。本書は英語を教える立場の方のみならず，英語教師を目指している方，言語の習得に興味のある方，そして英語学習者のみなさんにもお読みになってもらいたいと思っています。英語を教える立場にある方，英語教師を目指している方，言語の習得に興味のある方には特に第 I 部を中心に，英語力を更に伸ばしたいと考えている学習者のみなさんには特に第 II 部を中心に，読んでいただけたらと思います。また，英語を教える立場にある方には，第 II 部の英文とその音声を授業や家庭学習用としてご活用いただけたらと思いますし，勤務校で使用されている教科書の英文を用いてディクトグロスを行い，本書のエッセンスや解説などを活用していただけたら幸いです。

英語を「聞いて」「書いて」「読んで」「発音して」，英語の技能をフル活用した新しい英語学習法・指導法であるディクトグロスをぜひ実践していただきたいと思います。

最後になりましたが，本書の刊行にあたり，誠心誠意ご尽力してくださった開拓社のみなさま，特に出版部の川田賢氏にはたくさんお世話になり心から御礼申し上げます。また，本書の出版にあたり，金沢星稜大学から「研究成果出版助成」を受けています。研究を心強く支えていただいていることに，この場を借りて心より感謝申し上げます。

2021 年 3 月

前田　昌寛

目 次

第 II 部　実践編

第 I 部　理論編

第1章　ディクトグロスとは

1. ディクトグロスとディクテーションの違い

ディクテーション（dictation）ということばは聞いたことがあっても，**ディクトグロス**（dictogloss）はあまり耳にしたことがない方も多いと思います。本書を手にして初めて知った，あるいは，知っていたけど手順などは何となくしかわからない，という方もいるのではないでしょうか。北米を中心として海外の**第二言語**（second language）や**外国語**（foreign language）教育では，1990年代から注目されていた（鈴木，2014, p.5）学習法であり指導法です。また，鈴木によると，外国人を対象とした日本語教育や同時通訳の訓練などにも活用されています。近年，日本においても中学校や高校での活用例も多く見られ，研究も進んできました。

ディクテーションもディクトグロスもともに，dict「ことば」という**接頭辞**（prefix）が付いており，dictionary（辞書）や predict（予言）と同様に，「ことば」を扱っていることがこの接頭辞からわかります。ディクトグロスは，ディクテーションと比較して議論されることが多くあります（Wajnryb, 1990; Kidd,1992; Jacobs & Small, 2003）。その議論の中で，ディクトグロスは new type of dictation と呼ばれたり，その一方で，ディクテーションは traditional dictation や old dictation と呼ばれたりして区別されますが，ディクトグロスとディクテーションは別物と言えるくらい，その特性に違いがあります。『改訂版英語教育用語辞典』（白畑・冨田・村野井・若林，2009）によると，ディクテーションとは**「音声を文字で書きとる練習，また**

はそのテスト方法」と定義されています（p.91）。また，『英語語義イメージ辞典』（政村, 2002）によると，dictate（ディクテーションの動詞形）とは，学習者が「書き取る」という能動的な意味ではなく，指導者が「書き取らせる（命令する）」という意味であることに留意するよう書かれています（p.121）。それだけで，あまり学習者中心の能動的な活動という感じは，筆者にはしません。また「練習のための練習」という感じもします。その一方で，『改訂版英語教育用語辞典』によれば，**ディクトグロスとは「学習者のアウトプットを促す学習法の1つ」**と定義されています（p.92）。ディクテーションが「練習」と記されている一方で，ディクトグロスは書いたり話したりする**アウトプット**（output）につながる「学習法」なのです。日本の教室では，聞いたり読んだりする**インプット**（input）にかける時間が多く，アウトプットする機会が少ない（望月・久保田・磐崎・卯城, 2018, p.108）と言われています。そもそも，授業時数や家庭学習にかけられる時間に制約がある中で，「アウトプットのための良質な活動」を選択するとなると頭を悩ますところですが，このディクトグロスが「良質な活動」の1つなのです。

ディクテーションもディクトグロスも英語を「聞く」というインプットのところまでは同じですが，その**目的**（aim）と方法が大きく異なります。ディクテーションは聞こえた音をできるだけ正確に，聞こえただけメモを取るのが一般的ですが，**ディクトグロスはメモを取る語を限定し，必要なことだけを的確にメモ**して，そのメモや記憶から，学習者の既知の知識などを活用して元の英文を「復元」していく，アウトプットのための練習方法で，**自立的な学習活動**（autonomous learning）です。仲間と話し合い，でき上がった英文を原文と比較・分析することで，**第二言語習得（second language acquisition: SLA）で大切と言われている「気づき」**（noticing）（村野井, 2006, p.11; 和泉, 2009, p.45）を重視した活動なのです。また，本書の「はじめに」でも書いたとおり，授業や講義を聞いてメモを取りあとで復習する，あるいは電話で話していてメモを取りあとで内容を思い出すなど，日常生活の中でも自然と行っていることから，**疑似コミュニケーション**（pseudo-communication）と呼ばれることもあります。和泉（2009）は，「ディクトグロスで得られるスキルは，現実の言語使用に十分応用可能」であると述べ（p.97），これを**交流的真正性**（interactional authenticity）と呼んでいます。**真正性**（authenticity）とは「本物らしさ」のことを意味します。この点につ

いて，Wajnryb (1988) は，

> the dictogloss method provides language practice in text construction; [and it] has learners communicate for a real purpose in order to perform a group task (p.36)

と述べ，グループワークを通して，学習者が「真の目的のために」コミュニケーションをすると主張しています。

Wajnryb (1990) は，ディクトグロスの特徴を（特に reconstruction ステージにおいて）"task based" であると述べています (p.6, p.16)。和泉 (2009) は，**タスク** (task) を「特定の目的を達成するために行う活動」と述べ (p.90)，「タスクは，教室外の世界の自然なコミュニケーション活動と密接に関係していることが重要」だと主張しています (p.96)。そして，Ellis (2003) は Long (1985) を引用し，"a task must be real-world" と述べ (p. 6)，学習者に何かをさせることを「タスク」と呼ぶとの勘違いが多いが，「本物らしい (authentic) 現実の世界 (real world) という視点がとても重要である」と指摘しています。つまり，どんなに良い練習法であっても，現実の世界とは分離した練習のための練習ではなく，自然なコミュニケーションを想定した活動の大切さを言っており，（疑似）コミュニケーションタスクとしてディクトグロスがまさに適しているのです。

また，Jacobs & Small (2003) は，**ディクトグロスは 4 技能を統合する活動である**と述べています (p.2)。彼らは，リスニング（教師がテクストを読むのを聞く，グループメンバーと英文の復元について目標言語で話し合う），スピーキング（グループメンバーと英文の復元について目標言語で話し合う），リーディング（英文を聞きながらメモし，グループで復元したうえで，原文のテクストなどを読む），ライティング（英文の復元）のような，ディクトグロスにおける技能統合の特徴を挙げています。また，ディクトグロスは，学習者の自主性，学習者間の相互協力，様々なトピックを扱い教科横断型の指導ができるという面でのカリキュラムの統合（**クロス・カリキュラム**：cross curriculum)，英文の意味（内容）への焦点化，グループ内で様々なメモを持ち寄り議論するという多様性，思考スキル，言語能力を評価するテストとしてこれまでの伝統的なテストへの代替性，及び協働学習者としての教師の役割など，**言語教育の適切な指導の形を具体化している**もの

だ，とも述べています (p. 13)。

ディクトグロスはリスニングを起点として，スピーキングやライティング，リーディングへとつながる活動です。聞き取った情報を基に（目標言語で）話したり，書いたりするアウトプット活動へとつなげ，書いた英文や元の英文を読んだりすることで，**言語技能統合型活動**（integrated language activity）への発展が期待されます。これは，**学習指導要領**（Course of Study）の「**五つの領域**（聞くこと・読むこと・話すこと（やり取り）・話すこと（発表）・書くこと）別の言語活動及び複数の領域を結び付けた統合的な活動を通して，総合的に指導する」という重要な点とも合致します。まさしくディクトグロスは，**トップダウン処理**（top-down processing）を活かしたリスニング，そしてその聞き取った情報を基に話したり，**ボトムアップ処理**（bottom-up processing）を活かして書いたりする複数技能の統合活動に対応しているのです。

2.　ディクトグロスの手順

ディクトグロスの実践に関しては，Kowal & Swain（1997）や Swain（1998）などがあります。Kowal & Swain は，カナダの**イマージョン・プログラム教育**（immersion program）において，時制に関する知識を定着させるためのディクトグロスを実践しています。また，ディクトグロスの実践に関しては，Wajnryb（1990）が書いた *Grammar Dictation*（Oxford University Press）という本が有名で，次のように手順が説明されています。彼女によると，ディクトグロスは4つのステージ（four stages）：準備（Preparation），書き取り（Dictation），復元（Reconstruction），分析，訂正，話し合い（Analysis, correction, discussion）から構成されています (p. 7)。便宜上，2つ目のステージを Dictation と呼んでいますが，前述したとおり，ディクテーションは通常，聞こえたとおりにできるだけ多くの音声情報を文字化するのに対して，ディクトグロスは**あとで英文を復元するために「重要だと」思われる語句のみ**を，効率よく残すことが大切となってきます。ここでは大項目（(1) など）をステージと呼び，小項目（(a) など）をステップと呼ぶことにします。

(1) Preparation

(a) これから流れるテクストのトピックについて考える。

(b) これから流れるテクストに出てくる語彙の準備をする。

(2) Dictation

(c) 獲得すべき文法を含んだ，短めで，内容のある英文が，ノーマルスピードで（2回）読まれる。

(d) 読まれている間，学習者は馴染みのある語彙や表現を中心にメモを取る。

(3) Reconstruction

(e) 小グループを作り，各自の断片的なメモを持ち寄って，元の英文を復元する。

(f) 原文との同一性は求められないが，文法的な正確さや話の一貫性を重視しながら，それぞれのグループで復元英文を作り出す。

(4) Analysis, correction, discussion

(g) 復元された様々な英文を分析，比較する。

(h) 学習者たちは仲間と英文を吟味し，話し合って，自分たちの作った英文をより良いものにしていく。

(pp.5-6，筆者訳)

Wajnryb のプロセスには，教育者として，彼女の教育的な思慮にあふれています。例えば，(4) Analysis, correction, discussion の (h)「自分たちの作った英文をより良いものにしていく (refine their own texts)」(p.6) という表現から，教師が一方的に正解を教え込むのではなく話し合う時間を十分確保し，学習者たちが仲間と英文を吟味して**学習者たちの自らの力で言語能力を伸ばさせようという意図**がうかがえます。『改訂版英語教育用語辞典』にも，「学習者は自分の書いたものと元の文章を比較することができ，自分の英語と正しい英語の間にギャップがあるかどうか確認することができる」と書かれています (p.92)。つまり，自らの手でギャップに気づき，直していく自立的な学習法であり，また，グループ内で仲間と協力し合いながら，各自のメモや議論を経て出た根拠を基にしながら英文を組み立てていくプロセスは，真の**アクティブ・ラーニング** (active learning) と言えるでしょう。

白畑・若林・村野井（2010）は，「最も大切なことは，学習者が自分の表現と，目標言語の表現を同じコンテクストの中で比較できることである」と述べ，このような過程を**認知比較**（cognitive comparison）と呼んで，「言語発達において，極めて重要な役割を果す」と指摘しています（p. 153）。(4) の (g) のあとに短い休憩をはさんで，(h) を5つ目のステージとして捉えることもあります (Stockwell, 2010)。さらに，Wajnryb は，

> The beauty of dictogloss, however, is that even while allowing for individual contribution, in a sense the group provides a protective shield to cushion the egos of the individuals so that they are not threatened as people. (p. 16)

と述べています。冒頭の "The beauty of dictogloss"（ディクトグロスの美点）という表現から，いかに彼女がディクトグロスを大切に思っているかがうかがえ，ディクトグロスが仲間を大切にする教育的配慮に満ちた活動であることがわかります。

このディクトグロスの生みの親とも言える Wajnryb は，残念ながら，2012年に，病に倒れ没しています（1948–2012)。しかし，彼女の教育者としての姿勢は，アナハイム大学の HP に，その功績とともに語られています。https://www.anaheim.edu/about-anaheim-university/news/1412-au-professor-emeritus-ruth-wajnryb-1948-2012（2021年3月現在）

3. ディクトグロスの特徴

Wajnryb（1990）は著書の中で，次のようにディクトグロスの特徴を述べています。

・言語形式（linguistic form）の<u>正確さ（**accuracy**）を獲得するために</u>，書き取ったテクストを学習者に再構築させる（p. 3）

・ディクトグロスの練習を繰り返すことによって，学習者が自身の<u>既知の（文法）事柄</u>に関して，言語資源（language resources）を<u>磨き，発展させて</u>いく（p. 3）

・ディクトグロスは，文法ディクテーション（Grammar dictation）と

同義である（p.5）

・ディクトグロスは，テクストに基づいて，学習者が文法の働きについてより理解するのを助けるためにデザインされている（p.6）

（訳，太字・下線は筆者）

そして彼女が想定しているのは，次のようなことを求めている学習者です。

・英語の文法をどう使用するかを，より正確に理解する必要がある
・話すこと，書くことを目的として，言語の正確さを必要とする
・エッセイや課題，レポートや論文など，まとまりのあるテクスト（cohesive text）を，英語で書く必要がある
・高等教育の入学試験の準備のために，文法知識や，長さのある英文（a sustained piece of prose）を書く必要がある

（p.6，訳，太字・下線は筆者）

つまり，**外国語としての英語**（English as Foreign Language: EFL）学習者というよりも，**第二言語としての英語**（English as Second Language: ESL）学習者として，英語に関する知識，特に文法知識が既にある程度あり，それをアカデミックな高等教育に対応できるだけの**正確さをより磨くための活動**を想定していることがわかります。第 2 章でも報告しますが，日本の教室においてディクトグロスを実践し，その成果を報告した研究が，ディクトグロスが別名**文法ディクテーション**（grammar dictation）と呼ばれる割に，文法の獲得に関してその効果は限定的だったという結論を報告しているのはこのためだと考えられます（前田, 2008）。前述したカナダのイマージョン・プログラム教育において，時制に関する知識を定着させるためのディクトグロスを実践した Kowal & Swain（1997）においても，イマージョン・プログラム教育だったから成立しているという側面があります。イマージョン・プログラム教育とは，「第二言語を教育用言語として用い」て，「数学，地理，芸術，体育といったすべての教科の授業が第二言語で行われている」クラスのことを言います（白畑他，2009，p.137）。つまり，日本における EFL 環境とは異なり，ESL としてある程度の英語の知識と運用能力があり，内容と言語形式の同時処理が常に訓練されている環境だったと考えられます。そのため，筆者は Wajnryb の手順を土台として，**日本人学習者のため**

の，**日本の英語学習環境に適応した形に，応用してあげることが必要**だと考えています。本書では，特定の文法項目に焦点を当てたディクトグロスを第II部で扱っていますが，「文法のここに注目しよう」と言語面に学習者の目を向けさせる工夫や，概念・機能的な側面からの説明，練習問題なども適切に付け加えることで，**暗示的文法学習（implicit grammar learning）と明示的文法学習（explicit grammar learning）のバランス**を図っています。

EFL環境の話題が出たところで余談になりますが，「日本人は英語ができない」と聞くことがあります。しかし，それは本当に事実なのでしょうか。筆者は，日本「人」が問題なのではなく，日本の「環境」に問題があるのだと考えています。日本人のような何事にも真面目に，そして真摯に取り組む気質を持った国民に，多くの先生方が教材研究や指導法の研修★という努力をしたうえで，日々の教育活動が行われています。あとは，EFL特有のアウトプット機会の不足を解消することが，国民全体の英語力向上の鍵であると考えられます。前述しましたが，ディクトグロスはアウトプットを鍛えるための学習法です。このディクトグロスが，アウトプット機会の不足というEFL環境において，その効果が発揮されるものと期待されます。

★日本の教員の研修制度

教育の憲法とも言える教育基本法第9条には，「法律に定める学校の教員は，自己の崇高な使命を深く自覚し，絶えず研究と修養に励み，その職責の遂行に努めなければならない」と書かれている。また，教育公務員特例法21条には，教育公務員は，「その職責を遂行するために，絶えず研究と修養に努めなければならない」とも書かれている。OECD加盟国による国際比較調査では，日本では，外部のセミナー（「課程（コース）・ワークショップ」，「教育に関する会議やセミナー」など）に加えて「他校の見学」が多く，日常的に校内だけでなく，他校への授業参観が積極的に行われていることがデータからも明らかになっている。

4.　日本人英語学習者のためのディクトグロスとは

前節で，日本人英語学習者のための，日本の英語学習環境に適応した形に，Wajnryb（1990）のディクトグロスを応用してあげることが必要だと述べました。そこで前田（2008）は，EFL として英語を学習している日本人英語学習者向けに，**教育的配慮に基づいたディクトグロス**（Educational Dictogloss Procedure for EFL environment: EDP）を開発し，その手順に従った実践を提唱しています。

(1)　Dictation

(a)　学習者が内容的に既習のテクストを，発達段階に応じた聞き取りスピードで 3 回読む（音声を流す）。

(b)　1 回目は全体を把握するために，メモを取らずに聞かせる。

(c)　2，3 回目で重要だと思う語句のみをメモさせる。

(2)　Reconstruction

(d)　小グループを作り，各自のメモを持ち寄り，元の英文を復元させる（日本語を使って）。

(e)　文法の正確さや話の一貫性を重視するが，原文そのものでなくてもよいと指示する。

(f)　頃合いを見て，もう一度，音声を流す。

(3)　Analysis, correction, discussion

(g)　原文を配布し，復元した英文と比較・分析させる。

(4)　Reflection

(h)　気づいたことや感じたことを書いて振り返りをさせる。

(5)　Option

(i)　もう一度音声を聞いたり，原文を書写・音読させたりする。

まず，ステージを 1 つずつ解説していきます。Wajnryb のステージは「準備」（Preparation）から始まっていましたが，前田のステージには「準備」はありません。授業などで扱った「内容的に既習のテクスト」を用いることを推奨しており，この部分については時間を短縮することができるのです。また，Wajnryb の Preparation のステップ（b）では，語彙の導入を想定しています。しかし，ここで 1 つ問題が出てきます。Wajnryb のディクトグロスは，初見の英文を用いることを原則としています。しかしながら，**リスニングにおいて，初見の英文に新出する語彙を前もって指導することが，果**

たして良い準備になると言い切れるのかという懸念があります。和泉（2009, pp. 74–76）によると，Chang & Read（2006）は，新出語彙の先行導入という予備指導が，リスニングの理解度にどのような影響を与えたかを調べました。その結果として，予備準備として語彙を教わったグループは，予備準備なしのグループよりも理解度が低かったと報告しています。この検証はリスニング力を上位・下位で分けているのですが，特に**リスニング力上位群では，リスニング前の語彙指導はマイナスの効果さえ生じてしまった**と言います。和泉はこれを，リスニングにおける**インタラクティブ処理**★（interactive processing）ができなくなったのではないかと分析しています。確かに，「木を見て森を見ず」（not to see the wood for the trees）ということわざにあるように，リスニングの準備として新出語彙の先行導入を行えば，一本一本の「木」，つまり一語一語の「語句」に集中させすぎることになる可能性があるのです。

★ **インタラクティブ処理**（interactive processing）

リスニングには，音声，語彙，文法などの言語知識を使って行うボトムアップ処理と，背景知識や状況知識を使ったトップダウン処理の両方が関係しており，双方が密接に関連して起こるのがインタラクティブ処理である（和泉, 2009, p. 75）。

(1) Dictation

(a) 学習者が内容的に既習のテクストを，発達段階に応じた聞き取りスピードで 3 回読む

ここでのポイントは，繰り返しになりますが，できれば「内容的に既習」の英文を用いることです。英文内容と英文の言語形式の両方を同時処理することは大変負担が大きく，内容を捉えようとすれば言語形式に注意が向かず，言語形式に注意が向けば内容がおろそかになる**トレードオフ**（trade-off）の状態になってしまいます。したがって，内容を Q & A などで確認し，ある程度のあらすじがわかったところで言語形式に注意を向かせる**フォーカス・オン・フォーム**（focus on form: F on F）の手法として，ディクトグロスを活用することを提案しています。また，**発達段階**（developmental sequences）に応じた読み上げスピードを提案しています。発達段階とは単な

る学年や年齢のことのみならず，学習者が通るとされる言語学習過程を，学習者言語の長期的な観察に基づいて考える必要があります（和泉，2009, p. 35)。リスニングにおける，読み上げスピードが速すぎることからくる困難さについて，望月他（2018）は竹蓋（1984）を引用して，全体のスピードだけでなく，1 文の長さとポーズの数に問題があることが多く，単に機械的にスピードを落としたり，逆にゆっくりすぎたりしても効果がない可能性に触れています (p. 133)。つまり，文と文のポーズや文の長さにも配慮が必要です。Maeda（2018）は，中級レベル（英検準 2 級～ 2 級レベル）の高校 2 年生に対して，140WPM と 95WPM（words per minute）で読み上げスピードを変えて，ディクトグロスの成果にどのような違いが生じるかを検証しています。また，英文中の意味の区切れにポーズを設定し，そのポーズごとにキーワードをメモさせる取り組みについても報告しています（第 2 章を参照)。

(b)　1 回目は全体を把握するためにメモを取らずに聞かせる

(c)　2, 3 回目で重要だと思う語句のみをメモさせる

読み上げ回数については，3 回を標準とし，1 回目はメモを取らないで概要を把握させ，2，3 回目でメモを取らせる指導を提案しています。この「全体像を把握させる」ステップは，学習者が「このくらいの長さの英文」だと把握し，流れる英文の概論をつかむことができることから，学習者に活動に対する安心感を与え，学習に対する準備（**レディネス**：readiness）状態を高めるのです。Krashen（1982）のいう**情意フィルタ**（affective-filter）と言われる心理的な障壁を和らげることにもなります。このステップは，**包括的リスニング**（global listening）と呼ばれる考え方に基づいています。包括的リスニングでは，**まず話の概要や要点を聞き取る**ことが**目標**（goal）であり，何を聞き取るか，つまりディクトグロスで何をメモするかを自分で決めなくてはなりません。このステップにあたり，メモの取り方を基本から指導することが大切です。第 II 部の実践編で詳しく触れますが，学習者に独自のメモの取り方（略語の使い方など）を見つけさせ，メモを取るための「**マイルール**」を作らせる指導が必要です。そして，ディクテーションのように「全部書き取ろうとしない」ことを繰り返し強調し，重要だと思う語句のみをメモさせることも，ディクトグロスでは重要です。

(2) Reconstruction

(d) 小グループを作り，各自のメモを持ち寄り，元の英文を復元させる（日本語を使って）

学校の教室でディクトグロスを行う場合，このステップが教師にとって難しい手順かもしれません。というのも，小グループをどのように組ませるかで，ディクトグロスの成果に差が出るからです。和泉 (2009) は，学習者同士のペアの作り方が重要であると述べています (p. 118)。人数は 2 人ペアなのか，3 人あるいは 4 人のグループなのか，ペアやグループの相手は，座っている座席近くで機械的に割り振るのか，それとも男女のバランスを取るのかに留意する必要があります。筆者はどの組み合わせも実践しましたが，次のようなメリットとデメリットが考えられます。

表 4.1. 学習者のペア・グループの組ませ方に関するメリットとデメリット

人数	メリット	デメリット
2 人	人数が少ないので，互いに発言の機会が確保でき，アクティブとなる。	相手にかなり左右される。教える方と教えられる方ができるなど，パワーバランスが難しい。思春期の学習者によっては，相手が異性だと発言しづらいこともある。
3 人	発言の機会がある程度確保でき，発言にも多様性が保てる。	同性 2 名，異性 1 名となると，思春期の学習者によっては，発言しづらいこともある。
4 人	同性 2 名，異性 2 名など，性別のバランスが取れる。	積極的な子に任せ，ほかはつい無関係なおしゃべりが始まりやすい。

グループ活動でよく起きる問題は，1 人または 2 人のグループメンバーがグループを支配し，何らかの理由で他者の参加を妨げることです (Kagan, 1994)。また，social loafing（集団で共同作業をしていて人数が増えると，一人当たりの課題遂行量が低下すること），sleeping partners（グループに名は連ねているが活動しないこと），free rider（自分は苦労しないで，他人の功績に乗っかること）がグループ活動の問題点として挙げられています (Jacobs & Small, 2003, p. 7)。教師は様々な指導技術を駆使して，ディクトグロス中の議論を促進することが必要でしょう。Jacobs & Small によると，例えばメモ取りに関しては，1 人が主に前半を担当し，もう 1 人が後半を担

当するなど役割分担を設けることもできます（p.8）。このような方法を**ジグソー**（jigsaw）と言い，学習者たちに自分の持っている情報の違いを利用させることで，存在意義，参加することの意義，責任感を持たせることにもつながります。グループ内の全員がその役割分担に従ってメモを読む順番を持つことで，各グループメンバーに英文復元に対する責任と適度な緊張感を持たせることができます。さらに，一人一人が果たす役割を，次のように設けることもできます。

・ファシリテーター：グループ内の司会役（MC）
・チェッカー：グループ内で，自分の考えを平等に表現できているかチェックする
・コンフリクトクリエーター：議論を促進するため，クリティカルな見方の意見を述べる
・言語モニター：グループの全員が，第二言語で話していることを確認する（復元過程を母語で行わない場合）
（Jacobs & Small, 2003, p.7 を基に筆者訳のうえ要約）

前田（2008）では，男女2名ずつの4人グループを標準として提案しています。ディクトグロスに慣れてきたら，その4人グループを分割し，2名ずつのペアにしたり，トライアングルを作るイメージで3人ずつのグループを作ったりするのもよいでしょう。Jacobs & Small（2003）は，協同学習に影響を与える**異種混合グルーピング**（heterogeneous grouping）に関する要素として，性別，人種，社会階級，宗教，性格，年齢，（英語の）熟達度，勤勉さを挙げています（p.5）。このうちのいくつか，例えば性別や性格，熟達度などを除き，現在の日本の教室では考慮しなくてもあまり支障がないものもありますが，多様化が進む今後は，協同学習を行うときに配慮すべきことがより一層増えてくるかもしれません。その際は，Jacobs & Small が指摘（p.5）するように，**どうしても異種混合グルーピングで心配があるときは，ウォームアップ（warm-up）やアイスブレーキング（teambuilding）を行うとよい**でしょう。

また，彼らは，**協同学習に必要なスキル**として，理由を求めたり説明したりする力，礼儀正しく相手の考えに反対したり，反対に礼儀正しく応答する力（**ポライトネス**：politeness），ほかの学習者に対し活動に参加することを

促したり，その促しに応えたりする力が必要であり，ディクトグロスを通して，これらの力を培うことができると述べています（p.5）。和泉（2009）は，「教師が適切な指導を行って，ペアを育成すること」が重要であると述べています（p.118）。前述しましたが，どうしても日本の教室では，教師主導で，先生がしゃべりすぎる傾向があります。先生は教えるものであり説明すべきであり，そして生徒は教えられるものであり静かに聞くべきである，という固定概念があります。しかし，生徒同士の教え合いがあるディクトグロスでは，**学習者同士が先生になれる**のです。また，日本は**ハイコンテクスト**（high context）社会で，「みなまで言うな」と，すべてを言わなくても互いにわかる社会なので，理由を求めたり述べたりすること，それも筋道を立てて礼儀正しく述べることを授業で訓練する必要があり，ディクトグロスがこの一翼を担うことが期待されます。

前述の異種混合グルーピングに関する要素において，（英語の）熟達度を挙げました。1クラスあたりの学習者数（**クラスサイズ**：class size）を単に小さくする「少人数指導」ではなく，「習熟度別・少人数指導」であれば実施が認められる場合があります。「習熟度別・少人数指導」は，学習者一人一人への「きめ細かな指導」もそうですが，学習者「集団」へのきめ細かな指導ができることが最大のメリットです。学習者集団の発達状況を教師がしっかりと把握し，集団として協働しながら伸びていくのだという共通の雰囲気や目的意識が大切です。その伸びる集団の一構成員として，前述のファシリテーターやチェッカーなど様々な役割を経験させ，自分が貢献できる最適な場を見つける経験をさせてあげることも大切です。

望月他（2018, p.108）によると，Vygotsky（1978）は**社会文化理論**（Sociocultural Theory: ST）の観点から，**インタラクション**（interaction）による学習者の発達の可能性を述べています。また，**最近接発達領域**（the Zone of Proximal Development: ZPD）と呼ばれる，学習者が他者の助けを借りられたら1つ上のレベルに到達できる段階にいたり，インタラクション中に教師やほかの生徒から**足場掛け**（scaffolding）を受けられたら，上のレベルに到達できたりするとされ，これらはペアワークやグループワークの成果と関係が深いと述べています。足場掛けとは，話される速さを調節すること，使用される語句や文を易しく言い換えたり具体例を挙げたりすること，情報量などにおいて調整することなどの配慮を含み，新学習指導要領では**支**

援（support）と呼ばれます。「英語コミュニケーションⅠ」及び「論理・表現Ⅰ」では「**多くの支援を活用すれば**」，「英語コミュニケーションⅡ」及び「論理・表現Ⅱ」では「**一定の支援を活用すれば**」，「英語コミュニケーションⅢ」及び「論理・表現Ⅲ」では「**支援をほとんど活用しなくても**」と，発達段階に応じて，支援の程度を考慮することが書かれています（文部科学省，2018, p.19）。

また，Long（1985）の**インタラクション仮説**（Interaction Hypothesis）では，意味のやり取りの際，聞き直したり，確認したり，言い換えたりする過程で**意味交渉**（negotiation of meaning）が行われ，言語習得が促進されると考えられています。自分のアウトプットは，相手のインプットとなりますから，言語学習にとってインタラクションの果たす役割は非常に大切と言えます。

(e)　文法の正確さや話の一貫性を重視するが，原文そのものでなくてもよいと指示する

この指示も非常に大切な役割を果たします。「流れた英文との同一性」を求めると，学習者たちは**原文と復元文の一致性しか話し合わなくなり，正解／不正解という視点だけでものを考える**ようになってしまいます。「原文そのものでなくて」もよいが「文法の適切さ」や「話の一貫性」を求めることにより，「ここってこういう意味になるはずだよね」「ここってこんな英語がくるはずだよね」と，互いに考えを話し合うようになるのです。意味から入って言語形式を**マッピング**（mapping）する，つまり**言語のコード化**（language coding）が起きるのです。これがアクティブ・ラーニングとして，意味を根拠に筋道を立てて考え，それをグループ内の他者に伝える（論理的に提案する）というディクトグロスの真骨頂なのです。

実際のコミュニケーションでは，学習者はその場面での必要な意味に合わせて，どの文法や語彙を用いるかを自ら考え，取捨選択する必要があります（和泉，2009, p.18）。文法の正確さと話の一貫性を重視するが，原文そのものでなくてもよいと指示することが，この態度を育成することにつながるのです。

(f)　頃合いを見て，もう一度，音声を流す

これも Wajnryb の手順にはありませんが，とても重要なステップです。筆者は I have good news for you. You have one more chance to listen to the story. と英語で指示してから，音声をもう一度流しています。それまでざわざわと話し合っている教室が，一瞬で静寂の空間となり，学習者の集中力が一気に高まる瞬間なのです。この時の集中力たるや，本当に学習者たちは，前のめりになるほど集中して英語を聞きます。なぜなら，それまでのステップで，**もう一度聞きたい「ポイント」が絞れている**からなのです。これは**選択的リスニング**（selective listening）と言われます。この選択的リスニングにおいては，**すべてを網羅的に聞き取ろうとするのではなく，必要な情報に焦点を絞って，課題の遂行に必要な情報だけを聞き分ける**ことになり，必要でない部分は聞き取らなくてもよいので，リスニングのポイントを学習者に意識することにつながり，一般的には**ボトムアップ処理を促す**ことになります（望月他, 2018, p. 126）。

(3)　Analysis, correction, discussion

(g)　原文を配布し，復元した英文と比較・分析させる

(4)　Reflection

(h)　気づいたことや感じたことを書いてまとめさせる

これらステップも，とても教育的だと言えるでしょう。ディクトグロスの成果は**形成的評価**（formative evaluation）として，**ポートフォリオ**（portfolio）のように綴(つづ)っていくことで，ディクトグロスによって発見し獲得したことを「ことば」で残していくことができ，学習者自身も指導者も成長を感じられるのです。評価とは，「何ができて何ができないのかを知り，次のステップにつなげるためのプロセス」である（箕輪, 2020）ことを念頭に置き，「どうやったら次のステップに上がれるのか」がわかることが重要です。第2章には，そのポートフォリオのひな型が載せられています。また，実際の学習者のコメント（気づき）も紹介しています。

また，鈴木（2014, pp. 7–8）は，Shintani, Ellis, & Suzuki（2014）; Suzuki, Leis, & Itagaki（2014）を引用しながら，このステップの段階で，学習者のワークシートを回収し，復元した英文を，教師が訂正することの成果を報告して教師の添削を提案しています。

「添削」に関しては，このディクトグロスにおける添削に限らず，多くの先生方が添削にかける労力とその時間確保に悩んでおられることでしょう。コンピュータ（AI）による添削技術が発達すれば，「他者」による添削もディクトグロスにおいて可能になることでしょう。何しろコンピュータ（AI）は，あるパターン（データの中央値）と学習者の成果物とのずれ，つまり想定される正解（モデル）と学習者の書いたものとの距離（ずれ）を判定することには，たけているのですから。

将来的には，通信ネットワークも活用した**e ラーニング**（e-learning）によるディクトグロスの実践も期待されますが，現在のところそれに必要なディクトグロス用のコンピュータソフトは未開発の状態で，現在の学校の状況，例えば，クラスサイズ，ほかの課題のチェック，授業準備，生徒指導，校務分掌，部活動の指導などを考えると，ディクトグロスにおける添削は，実施可能性という観点からすると，あまり現実的ではありません。日本の多忙を極める先生方に，これ以上の仕事を増やすわけにはいきません。まず基本は，学習者に「原文を配布し，復元した英文と比較・分析させる」ことです。配布する原文には，本書の重要な部分やキーワードが太字になっているように，本文のターゲットの語句や文法を太字にして目立たせる**インプット強化**（input enhancement）を図るのもよいでしょう。それに加えて，学習者がおかしやすい**誤り**（error）をスクリーンで提示して，そこを特に注目させる方法もあるでしょう。回収したディクトグロスシートをさっと見て，生徒たちに共通して見られた誤りを取り上げ，次回の授業でクラス全体に**フィードバック**（feedback）するのも 1 つの方法でしょう。そのために教師は，学習者の**誤り分析**（error analysis）をすることが大切です。

(5) Option

(i) もう一度音声を聞いたり，原文を書写・音読させたりする

一通りの手順の最後で，もう一度音声を聞くことは大切です。新しい発見や気づきがあり，聞き取る視点を変えながら，情報の全体を何度も繰り返し聞いたりすることで，リスニング力が伸びるのです。学校で学習した英文の音声を，生徒が家庭でも繰り返し聞ける環境が大切です。

この最後のステージは，オプションとしています。授業は時間に制約があるので，**「授業では，授業でしかできないことをする」**，**「家庭では，生徒が**

一人でもできることをさせる」という原則を考えると，「原文を**書写**（transcription）させたり，**音読**（oral reading）させたりする」ステップは，家庭学習とすることもできます。書写や音読については様々な研究がなされています（宮迫, 2002；北村, 2005；小林, 2006；門田 2007）。モデルとなる英語（英文）のインプットという面を考えると，門田（2007）によると，**書写や音読は，外国語学習にとってとても重要**であり，**単語認知（word recognition）の自動化や新規学習項目の内在化（定着させること）への寄与**（pp. 36–37）が期待され，教師や学習者の支持も得ている（p. 15）活動です。

みなさんは，文章を黙読していて心の声（**内声**：inner voice）が聞こえてくるのを経験したことがあるのではないでしょうか。また，文章を推敲したり，少し難解な文章を読解したりする時，小声で文字を音声化した経験もあるのではないでしょうか（筆者はこの原稿を推敲しながら，気づかないうちに小声で読み上げていました）。たとえ黙読であっても，目から入った情報，つまり文字情報は**構音リハーサル**（articulatory rehearsal process）を経て，心の中で音声化され，**音韻ストア**（phonological store）へ情報が貯蔵されると言われています（Baddeley, 1986）。つまり，文字を音声化する（**音韻符号化**：phonological coding）能力が言語理解にとても重要だと言えます。母語（この場合は英語）の話ですが，「幼少期における音読の正確さが，将来の英文読解力を予測できる」とも言われています（望月他, 2018, p. 153）。

家庭学習について余談になりますが，筆者が**コミュニケーション型の授業を徹底し，意味中心の授業を行っていた時に気づいたのは，生徒の家庭学習時間の減少**でした。家庭学習の習慣を身に付けさせたいと思っている先生は多いことでしょう。学校によっては，家庭学習時間調査を実施しているところもあるでしょう。筆者が勤務していた学校では，実施期間を決めて，その期間中は家庭学習時間と学習内容を記録することになっていました。それが前年，あるいは前々年との比較でデータ化されるのです。筆者が勤務していた学校で文部科学省からの研究指定が始まり，**コミュニケーション型の英語で行う授業実施を始めた学年は見事に，英語だけ，前年あるいは前々年よりも大幅に家庭学習時間が減少した**ことがわかりました。その原因は，コミュニケーションして意味のやり取りを行う言語活動を中心に授業を組み立てていたのですが，**生徒は家庭に戻ったときに，何をすればよいのかわからなかった**のです。これが変な話，伝統的な教授法であれば，英文をノートに写す，単語を調べる，日本語で訳を書く，本文に関する文法問題を解き，答え合わせをして解説を読むなど，「作業」としてのやることが明確だったのです。しかし，コミュニケーションのために言語活動中心の授業で行っていることの大半は，一人でやることよりも仲間とのコミュニケーションが多く，生徒は家庭に戻り一人になったときに，何をすればよいのかわからなかったのです。「授業では，授業でしかできないことをする」，「家庭では，生徒が一人でもできることをさせる」ということを，具体性を持って教師が理解し，**生徒に「家で何をさせるか」を明確にする必要**があります。筆者はそれがわかってから，「予習」という用語を使うことをやめました。**「予習」という用語の代わりに，「練習」と「準備」ということばを使う**ことにしました。内容がわかったものを音読「練習」しておいで，プレゼンに向けて原稿を「準備」して，発表の「練習」をしておいで，といった感じです。**指示を具体的にし，そして家庭でやってきたことが，次の授業の活動の何につながるかを明確に**しました。例えば，音読「練習」をさせてきたら，次の授業の冒頭で**ランニング・ディクテーション★** (running dictation) を行ったり，生徒の準備に基づくプレゼン大会を行ったりしていました。生徒は練習や準備をしないと，次の授業に支障が出たり，友達に迷惑がかかったりするので，そして何よりも「準備」したことが次につながり，形となって活かせるというモチベーションが高まって，よく家庭学習をするようになりました。

★ランニング・ディクテーション (running dictation)

〈教材準備〉

1. 既習の英文（6文程度）が箇条書きされたA4紙を用意する（同一のものを4枚)。英文は前時の授業で扱ったものを，少し改変（代名詞を替えるなど）したものがよい。

〈授業前〉

2. あらかじめ，教室の四隅に，箇条書きされたA4紙をセロハンテープなどで1枚ずつ貼っておく（使用後の片付けを考えて，セロハンテープの先は少し折っておく。セロハンテープは，紙の上辺の隅に，紙に対して斜めではなく，垂直に貼ると，あとではがしやすい)。

〈授業開始〉

3. 生徒をペアにさせ，白紙 (A4 紙半分) をペアに 1 枚配布する。
4. ペアでじゃんけんをさせ，勝った方 (jyanken winner) は，最初はライター (書き手：writer)，負けた方 (jyanken loser) は，最初はランナー (runner) になることを指示する。
5. 箇条書きで書かれた英文を 1 文ずつ交互に担当し，ランナーが，貼られた紙のところまで行って英文を暗唱し，ライターのところまで戻ってきて，覚えたことを伝えさせる。ライターは白紙に，ランナーから伝えられた英語を書く。
6. 一度になるべくフレーズごとに覚えるよう指示し，何度見に行ってもよいことを伝える(原稿の英文にスラッシュを入れておいてもよい)。
7. 四隅にあるので，教室の対角線上にある紙のところ（例：教室の右前のエリアに座っているペアは，教室の左うしろ）に行くことをルールとする。
8. 目がよくても必ず紙の前に行って覚え，声が大きくても必ずペアの相手のところに戻ってから小声で伝えることをルールとする（ほかのペアに聞こえるため)。
9. 1 文ごとにライターとランナーの役割を交代する。
10. 全文書き終えたペアは，終わった時点で手を挙げさせ，クラス全体の 3 分の 2 程度のペアが終わったところで，全体が強制終了とする（早く終わったペアを待たせすぎないため)。

11. スクリーンに英文を投影し，ペアでチェックさせる。

この活動をディクトグロスとセットにして，前の時間にディクトグロスで終わったら，次の授業の始めにランニング・ディクテーションを行うというサイクルを作っていました。生徒は，前回のディクトグロスで学んだことの良い復習となり，かつ家庭学習で音読練習してきた成果が，ランニング・ディクテーションというゲーム感覚の活動で発揮されるのです。1 位になったペアはとてもすがすがしい笑顔で，“finished!” と勢いよく手を挙げてくれることでしょう。教師は，“finished!” と叫んだペアに “excellent!” や “great!” と褒めることばをうなずきながら投げかけます。このランニング・ディクテーションを授業で行うにあたり，教室に危険物がないかを確認し，生徒の安全な導線を確保することが大切です。特に，生徒のかばん，欠席している生徒の空机，プロジェクターのケーブルなどに生徒がつまずいて転ばないよう留意する必要があります。高校生でも，1位をねらって結構な本気で走ってくれるのです。午後の眠くなる時間帯の授業にはもってこいの活動です。そして，このランニング・ディクテーションをしている間，生徒を観察していてわかったことですが，**壁に貼った紙の前に行って「ブツブツ」つぶやきながら，生徒は英語を覚え，ペアの元に戻る間にも，忘れないように，「ブツブツ」つぶやいている生徒が多かった**のです。このつぶやきのことを**マンブリング**（mumbling）と言います。マンブリングは，**シャドーイング**★（shadowing）に入る前の下稽古ともなります（門田，2007, p.228)。また，この**マンブリングは，記憶への定着効果も期待**されます。例えば，テレビでショッピング番組を見ていて，申し込み先の電話番号が出てきたとします。近くにメモするものがなく，メモするためのものを見つけるまでの間，多くの人はその電話番号を何度も反復して，記憶の保持を図ることでしょう。コンピュータと同じ発想で，人間が情報を処理するための資源，つまり，何かを考えたり感じたりして，何かを理解し，それを一時的に記憶して，別の場面に活用するための情報処理能力を**ワーキングメモリー**（working memory: WM）と言います。このワーキングメモリーの構成要素の1つである**音韻ループ**（phonological loop）が記憶の貯蔵庫として機能する(Baddeley, 1986) よう，覚えたい情報を「ブツブツ」マンブリングして，さらに長期記憶への転送を図るのです。

★シャドーイング (shadowing)

耳から聞こえてくる音声に遅れないようにできるだけ即座に声を出して繰り返しながらそっとついていくという学習法（門田, 2007, p.11)。

シャドーイングについて，門田は「遅れないように」と指摘していますが，筆者はあえて「少し遅れぎみで」と考えています。遅れるということは，即座に意味を解釈し，音を保持（retain）しながら，自己で発音してみるという時間ができ，負荷はかかりますが，とても力の付く活動だと考えられます。「音声に遅れないようにできるだけ即座に」やろうとすると，意味解釈が起こりにくく，反射的な音のオウム返しになってしまう可能性があるからです。

5.　英語によるディクトグロスの指示例

平成 21（2009）年版高等学校学習指導要領，平成 29（2017）年版中学校学習指導要領で，**「授業をコミュニケーションの場とするため，授業を英語で行うことを基本とする」**と定められました。教師から生徒への指示もまた，単なる説明（explanation）や指令（order）ではなく，コミュニケーションなのだと捉え，生徒と英語でやり取りをしながら，特にディクトグロスの実践開始期は，以下の指示例のように，丁寧なやり取りを心掛けたいものです。

【前半の手順】

T: All right, now you almost understood the contents of the story in the textbook. Do you like the story?

Ss: Yes!

T: O.K. Now, let's have an activity. I'm giving you a piece of paper. Get one for you and pass the rest to the back.
（場合によっては How many sheets do you need? と，列の先頭の生徒とコミュニケーションしたり，Put this sheet in the desk for her. などと，休んでいる生徒の分を机の中に入れてあげるようコミュニケーションしたりする。）

T: So, now you're going to listen to a story three times.
（指で 3 回を示す。）

T: First, just listen to the story without doing anything.
（両耳に手をあて，聞くしぐさをする。）
Listen to the whole story and try to understand the outline.

T: Second and third time, I want you to take notes, but you don't have to write everything you hear. Write down just only important words. For example, if you think "five people" is important,

write it down like this. (5 ppl と走り書きする。)
You don't have to take notes beautifully if you can read the notes by yourself. Do you understand?

Ss: Yes!

T: After listening to the story three times, you're going to make groups and construct the story again using your notes with your friends. So, your notes are very important.

ディクトグロスをはじめ，新しい活動を授業に取り入れるときは，**手順を確認する質問**（Concept Checking Questions: CCQ）をするようにしましょう。つい，生徒の反応が悪いと，「まぁ，とりあえずやってみよう」(Anyway, let's try!)，「やればわかるから」(Try it, and you'll find out.）と実行に移りがちですが，何をやっているかわからない時間ほど学習者にとっては不安なものはなく，英語嫌い（英語の活動が嫌い）を育ててしまう可能性もあります。また，活動の終わりくらいになって「あぁ，そういうことだったのか」という生徒の声を聞くと，経過した時間のもったいなさを痛感します。前述の【前半の手順】の説明が終わったところで，クラス全体に，次のように CCQ をします。

T: Let's check what we are going to do.
What are you going to do first?

Ss: Listening to the story.
（もしアイディアが生徒から出にくいようなら，教師が Listening to ... と出だしのヒントを言う。）

T: How many times are you listening to?

Ss: Three.

T: Can you take notes in the first listening?

Ss: No!

CCQ とはこのように，活動の手順を確認するための英語でのやり取りで，特に英語入門期や新しい活動を取り入れた時に役立つ教師テクニックです。

CCQ を丁寧に行い，活動のコンセプトを把握させます。「まぁ，とりあえずやってみよう」，「やればわかるから」は，避けたいものです。以下に，【後半の手順】の例を示します。

【後半の手順】

T: Now, you've finished listening to the story three times. So, I want you to make a group of four.
（one, two, three, four と生徒を分けていく。このときに，生徒を指ささない。指さされると不快に思う生徒もいるので，手のひらを向けて one, two, three, four と分けていく。）

T: Why don't you make a group of four here.
（残りも同様に分けていく。4人で割り切れない場合は，最後が2人にならないよう，最後のグループが3人グループになるよう調整する。）

T: O.K. Now, I want you to construct the original story again with your group members. You don't have to make the perfectly same sentences, but please be careful not to make grammatical mistakes. You should focus on language as well as contents. You should share the notes with your friends. You can't use a dictionary.

後半の説明では，

- 原文と全く同一でなくてもよいこと
- 内容面だけではなく，言語面にもフォーカスすること
- メモをシェアすること
- 辞書を使ってはいけないこと

をしっかりと，ルールとして指示することが大切です。

英語で授業（指示）をするにあたって，教師は explanation（説明），example（例示），experience（体験させる）のバランスを考えることが大切です。説明はできるだけ簡潔に（活動が始まってから次々と付け足さない），適切に例を出したりデモンストレーションを見せたりして，実際にさせるのです。

T: Do you understand?
Ss: O.K.
T: Now, you have five minutes. Here you go!
(英文の長さやレベルで時間設定は変えてよい。生徒の達成状況を見ながら時間設定を変えてもよい。)
T: O.K. Everybody, you have good news! You have one more chance to listen to the story.
(もう一度，英文を流す。)
T: You have three more minutes.
(時間は変えてよい。)
T: All right. Stop there. Now, I'll give you the original story, so check what you wrote with the original story with a colored pen.
(生徒が書いたものを原文と比較させ，色ペンで直させる。)
T: Now, I'll give you five minutes to talk about what you found and noticed in today's activity with your friends. After that, please write the comments on your sheet in Japanese.

親が赤ちゃんに向けて使うことば遣い（**母親ことば**：mother talk）が，大人同士の会話と異なるように，教師が英語学習者である生徒に向けて使うことば遣いのことを**ティーチャー・トーク**（teacher talk）と呼び，本物の言語使用であることから，様々な点で言語習得を促進させると考えられています(村野井，2006，p.33)。学習者の側面も持つ英語教師は，常日頃から自身の英語力を磨くことは重要なことですが，難しいことも易しく言える（ティーチャー・トークができる）英語力を身に付けることが大切です。例えば，In 2010, Ichiro from Seattle Mariners achieved ten consecutive 200-hit seasons.（イチローが 10 年連続で 200 本安打を達成した。）という話題を，授業の始めに小話（**スモール・トーク**：small talk）したとします。下線を引いた consecutive（連続）という語彙は学習者にとって難解です。これを ten consecutive の代わりに，"for ten years every year"（毎年 10 年間）と易しく言えるような英語力です。このティーチャー・トークは，使用する言語の選択や話すスピードなども大切な要素ですが，コミュニケーター（communicator）としての姿勢も大事です。経験の少ない教育実習生を観察していると，板書をしながら黒板に向かって話していたり，教室を移動（机間指導）しながら話したり，「ながら指導」をしている姿を見かけます。しっかりと教室の正面で生徒からの発言を受け取り，教室の正面でモデルスピーカーとして「口元がしっかり見える」ように話し，そして「目線をクラスの隅々まで配れる」ようにしたいものです。

また，手順全体を通して**時間設定については，柔軟に考えることが大切**です。検定教科書の既習英文3～4行程度ならば，最初の文復元は3～5分程度，再度聞かせてからさらに3分程度で十分だと考えています。そして，グループで振り返りを5分，コメントシートを書かせるのに5分程度でしょう。**全体としては，指示も入れて20分程度の活動**となります。Wajnryb（1990）は，

> The primary factor in determining the length of time to be spent is how much attention you and the students wish to devote to the analysis and correction stage. (p. 22)

と述べ，時間配分は analysis and correction のステージ次第だと主張しています。

ディクトグロス用の活動シート例を次ページに示してあります。簡単なパターン（A）とフルバージョンのパターン（B）を用意してあります。パターン（A）の特徴は，ステージ3で，「原文を書写し，音読しましょう」という指示を入れたことです。パターン（B）では，メモの取り方の例を示し，指示も具体的に入っています。両方の良いところを合わせた，オリジナルの活動シートを作ってみるのもよいでしょう。

このディクトグロス用の活動シートに関しては，リスニングのメモを取るために，生徒1人につき1枚を配布することになります。しかし，そのメモを基にして文を復元させるときに，グループ内で代表生徒のシートを使って，誰かが代表で書き手となって書いていくのか，それともグループのメンバーが各自のシートに，個別に書いていくのかを考えねばならないでしょう。次の表のように，それぞれのメリットとデメリットをまとめることができます。

表 5.1. 活動シートの使い方に関するメリットとデメリット

	メリット	デメリット
グループ内で代表生徒のシートを使って復元	1 枚のシートを囲んで話し合うので，グループとしての一体感がある。選ばれた書き手が代表で書くので，全員が書き終わるのを待たなくてよい。	あとで原文と比較，検討するときも代表の 1 枚を使うので，最終的に成果物として，ほかのメンバーの手元にシートが残らない。
メンバー全員が各自のシートを使って復元	あとで原文と比較，検討し，色ペンで直したものが各自の手元に残る。メンバー全員が各自で書くので，自己に対する責任感が生まれる。	書くスピードが生徒によって異なるので，ほかのメンバーが書き終わるのを待っていると，次の話し合いになかなか進まない可能性がある。

これらのメリット，デメリットを指導者側が把握しておく必要があります。どんなことでも，物事にはメリット，デメリットが存在します。それを比較，検討して，少しでも良い方を取り入れたらよいのです。または，二者択一と思われるものも，融合策があれば採用すればよいのです。上の例で言えば，ディクトグロス入門期は，「手順に慣れること」「自分で責任を持ってシートを作ること」を目的として「メンバー全員が各自のシートを使って復元」させるのもよいでしょう。そして，手順に慣れてきたら，グループ内で代表生徒のシートを使って復元させ，それを回収してコピーしたものを，ほかの生徒に配布してあげることもできます。「今日の活動で気づいたこと」は，ぜひグループ内，あるいはクラス全体で共有したいものです。これも，まずは個人で書かせて，次にグループ内で共有させ，シートを回収して，あとで教師が良いものを選び，次回の授業で共有することも大きな意義があるでしょう。

筆者が大学でディクトグロスを実践した時，あるグループは代表のワークシートを用いて元の文を復元・分析し，そのあとできあがったものを，個々人のスマートフォンで写真に収めていました。中高においても，この例のようにタブレットなどを用いたデジタル記録の活用も有効でしょう。

活動シートは A4 縦版を標準としています。ハンドアウト (handout) も含めて学習者に配布するものは，見やすく，管理しやすい工夫が必要です。

例えば，書体はユニバーサルデザイン書体（UD Digikyo Latin など）が開発され，多くの学習者にやさしく，見やすい書体の使用が教科書にも増えてきました。標準は適度に見やすい Century や論文でよく使用される Times New Roman で，やさしい雰囲気を出すには丸ゴシックで，ポップ感を出すには創英角ゴシックで，などと使い分けることもできます。多くの学校の印刷環境は白黒印刷ですから，カラーが使えない分，書体などで工夫することができます。また，ファイルに閉じるためのパンチ穴を開けておくなど，配布する前の工夫が大切です。

パターン（A）

Dictogloss Activity Sheet

Student#（　　）　Name（　　　　　　）

1. Take notes

2. Reconstruct the story

3. Copy the original story and read it aloud

4. Write your comment on today's activity

パターン (B)

Dictogloss worksheet

You will hear a story three times.
You can take notes only in the second and third listening time.
You can write down familiar words and phrases that you regard as importance.
You will reconstruct the sentences from your notes later.

Ex)

Most
every day
check school

1. (Listening ①) Listening to the story without taking notes.

2. (Listening ② & ③)
Take notes here:

3. Reconstruct the sentences here:

4. Compare your sentences with the original text and correct them with a color pen.

5. Write what you noticed in today's activity.

Student number (　　) Name (　　　　　　)

6. コミュニケーション能力育成・アクティブ・ラーニングとディクトグロス

日本の英語教育は「英語科教育」として，文部科学省の学習指導要領に則って行われます。**英語教育**（English teaching）と**英語科教育**（English education）は区別され，人間形成の部分が重要視されている（望月他, 2018, p.9）ことにも留意したいものです。新学習指導要領の特徴は，すべての教科で**「知識及び技能」「思考力，判断力，表現力等」「学びに向かう力・人間性等」**を育成しようとなったことです。「知識及び技能」は，語彙や文法などことばの情報を知っていて（**宣言的知識**：declarative knowledge），各言語活動に応じた**言語の働き**（function）も含めて，それらをどう使えばよいか（use）がわかり，活用できる（**手続き的知識**：procedural knowledge）ことと解釈できます。また，「思考力，判断力，表現力等」とは，**プレゼンテーション**（presentation）や**ディスカッション**（discussion），**ディベート**（debate）など，知識・技能を活用する学習活動，「学びに向かう力・人間性等」とは，自ら課題を発見して，課題解決に向かう姿勢，他者との協調性のことでしょう。これまでの英語学習においては，「この知識を知っていますか」という，語彙や文法など個々の知識をどれだけ覚えているかに主眼が置かれてきました。しかし，「『知識及び技能』と『思考力，判断力，表現力等』の資質・能力が相互に関係し合いながら育成されることが必要である」（文部科学省, 2018, p.42）と，学習指導要領に述べられているとおり，知識・技能が実際のコミュニケーションにおいて活用されることによって「思考・判断・表現」の力が深まり，「思考・判断・表現することを繰り返すことを通してまた「知識及び技能」が獲得されるのです。

では，ディクトグロスはこれらの観点に基づき，どのような力を，どのように伸ばしていくのでしょうか。「知識及び技能」「思考力，判断力，表現力等」「主体的に学習に取り組む態度」の育成を具体化させた，平成 30 (2018) 年公示の高等学校学習指導要領を例にとって考えてみましょう。

高等学校学習指導要領

> 外国語によるコミュニケーションにおける見方・考え方を働かせ，外国語による聞くこと，読むこと，話すこと，書くことの言語活動及びこれらを結び付けた統合的な言語活動を通して，情報や考えなどを的確に理解したり適切に表現したり伝え合ったりするコミュニケーションを図る資質・能力を次のとおり育成することを目指す。
>
> (1)　外国語の音声や語彙，表現，文法，言語の働きなどの理解を深めるとともに，これらの知識を，聞くこと，読むこと，話すこと，書くことによる実際のコミュニケーションにおいて，目的や場面，状況などに応じて適切に活用できる技能を身に付けるようにする。
>
> (2)　コミュニケーションを行う目的や場面，状況などに応じて，日常的な話題や社会的な話題について，外国語で情報や考えなどの概要や要点，詳細，話し手や書き手の意図などを的確に理解したり，これらを活用して適切に表現したり伝え合ったりすることができる力を養う。
>
> (3)　外国語の背景にある文化に対する理解を深め，聞き手，読み手，話し手，書き手に配慮しながら，主体的，自律的に外国語を用いてコミュニケーションを図ろうとする態度を養う。

（下線は筆者）

旧学習指導要領と同じく，「コミュニケーションを図る資質・能力を次のとおり育成することを目指す」とあるように，**最終的な目標は「コミュニケーション能力」の育成**に変わりありません。では，ディクトグロスがこのコミュニケーション能力の育成に，どのように寄与するのでしょうか。まず「外国語による聞くこと，読むこと，話すこと，書くことの言語活動及びこれらを結び付けた統合的な言語活動を通して」の部分は，「ディクトグロスを通して」と解釈してもよいでしょう。そして，(1) の「外国語の音声や語彙，表現，文法，言語の働きなどの理解を深め」，「適切に活用できる技能を身に付けるようにする」力の育成に寄与できるものと考えられます。これに「実際のコミュニケーションにおいて，目的や場面，状況などに応じて」が条件となるので，本章第12節で筆者が提唱するコミュニカティブ・ディクトグロスを通して，目的や場面，状況などにしっかりと対応できる力，つまり言語の**概念**（notion）や**機能**（function）を身に付けるのにディクトグロスは寄与するでしょう。

平成29（2017）年の中学校学習指導要領改訂にあたり，言語活動の定義も見直されたことにも留意することが大切です。「2017年版より前は，ある文構造や文法事項を練習するための練習は言語活動とみなされていましたが，2017年版からは，言語材料を練習するための指導とみなされ，言語活動とはみなされなくなった」（望月他, 2018, p.33）のです。これは文部科学省の文構造や文法の取り扱いに対する，非常に強いメッセージだと考えられます。文脈や場面とは切り離した並べ替えや穴埋め問題などはこれまで多く見られましたが，新学習指導要領では，それらは単なる練習問題であって「言語活動ではない」と明言され，言語活動と効果的に関連付ける指導，つまり言語の使用場面や言語の機能に着目させる指導の重要性をうたっています。練習のための練習ではなく，習得のための学習が必要なのです。当然，検定教科書にも今後それらは大きく反映されるでしょう。

また，アクティブ・ラーニングについても，ディクトグロスはその特徴に合致している活動です。アクティブ・ラーニングということばが，中央教育審議会の答申に登場したのが平成24（2012）年で，次のように述べられています。

> 「生涯にわたって学び続ける力，主体的に考える力を持った人材は，学生からみて受動的な教育の場では育成することができない。従来のような知識の伝達・注入を中心とした授業から，教員と学生が意思疎通を図りつつ，一緒になって切磋琢磨し，相互に刺激を与えながら知的に成長する場を創り，学生が主体的に問題を発見し解を見いだしていく能動的学修（アクティブ・ラーニング）への転換が必要である。」
>
> （下線は筆者）

日本の教室では，教師がわかりやすく説明し，生徒はそれを静かに聞くことがよいという風潮があり，いまでも特に高校の教室では見られる傾向です（和泉, 2009, pp.12–14）。伝統的なディクテーションでは，教師が英語を読み上げるだけで，一般的に生徒は何も話しません。一方，ディクトグロスでは，生徒は小グループに分けられ，文章の復元中に互いに話す機会が増えます。このように，多くの生徒が同時に，ディクトグロスによって自分の考えを話すことができるのです。Jacobs & Small (2003, p.6) はこれを**同時相互作用** (simultaneous interaction) と呼んでいます。日本のようにクラスサイズが大きい場合は，特に有効な考え方です。また，彼らは，ディクトグロスは**協同学習** (cooperative learning) あるいは**協調学習** (collaborative learning) と呼ばれる，学生間の協力のメリットを最大化するための一連の概念と手法であると述べています (p.13)。新学習指導要領でも**対話的で深い学び**と表現されている協働学習（新学習指導要領では，「協同」としていた用語を「協働」と改めている）ですが，Johnson & Johnson (1994) は協働学習を「学習者自身とグループメンバー相互の学習を最大化するため，共に学習する小グループの教授的活用」と主張しています (p.18)。つまり，協働学習においては，共通の目的を達成するために仲間と作業し，自分だけでなく仲間全員にとって利益 (benefits) のある結果が求められるのです。アクティブ・ラーニングとは，グループワークなどの学習形態そのものではなく，グループワークなどで目標達成のために協力して，自己の責務を果たすことが大切です。では，この協働学習を成立させるにはどのようなことが必要なのでしょうか。Johnson & Johnson は，**肯定的な相互依存関係** (positive interdependence) について，次の5つの要素から構成されていると述べています (pp.18–83，要約のうえ筆者訳)。

(1)　肯定的な相互依存関係（仲間が成功しない限り自分も成功しないという構造にあること）
(2)　対面での促進的な相互作用
(3)　個人の責任（個々人が課題達成に対し努力する必要性を認識していること）
(4)　社会的スキル（対人・集団に大切なコミュニケーション能力の必要性を認識していること）
(5)　グループプロセスの振り返り（グループのやり取りの中で，良かったことや改善した方がよいことなどを学習者自身が振り返る機会を与えること）

また，Johnson & Johnson は，肯定的な相互依存関係を学習者に築かせるための方略について，次の表のように述べています。

表 6.1.　肯定的な相互依存関係を学習者に築かせるための方略

環境による肯定的な相互依存関係	グループメンバーは，大きな声を出さずに，お互いの作業を簡単に見たり，聞いたりすることができるように，一緒に近づいて座る。
役割による肯定的な相互依存関係	グループメンバーに，タイムキーパーの役割（グループメンバーの時間制限）や音量監視役（ディスカッションで声が大きくなりすぎないよう）を割り当てる。
情報源の肯定的な相互依存関係	各学習者は，異なる辞書，文法書，百科事典，コンテンツ情報について，ほかの情報源を持ったり，またはそのような情報源にインターネットアクセスができたりなど，各自で異なる参考資料を持つことができる。
外部課題による肯定的な相互依存関係	同じグループが一定期間，ずっと同じメンバーで一緒に活動すると，学習者は過去のディクトグロスのパフォーマンスを改善することを目指すようになる。
報酬による肯定的な相互依存関係	グループが事前に設定した目標を達成した場合，成績，菓子，認定書，賞賛，授業で次に行う活動の選択権，チームの応援や握手をする機会，または単に満足感が与えられる。

(Johnson & Johnson (1999) を基に筆者訳のうえ要約)

協働的言語学習法は，「学校と社会」(1899) の著者である Dewey が学習の際に，学習者は協力をするものだという考えを推進したことに端を発しています (望月他, 2018, p. 94)。ディクトグロスと協働学習との関係も，切っては切れないものなのです。

7.　フォーカス・オン・フォームとディクトグロス

ディクトグロスは，フォーカス・オン・フォームの考え方に基づいた指導の 1 つと言うことができます (和泉, 2009, p. 171)。フォーカス・オン・フォームとは，言語の形式指導とコミュニケーション指導のバランスを考えた言語観 (**アプローチ**：approach) であり，和泉 (2009, pp. 145–148) によると，次のような特徴を持っています。

・意味あるコンテクストの中で学習者の注意を必要な形式面に向けさせていく
・実践的且つ正確なことばの使い方を教える
・意味あるコミュニケーションの場が大前提
・コミュニケーション活動と文法学習を統合
・単なる量的な操作による両者のいいとこ取りではない

（太字・下線は筆者）

伝統的教授法では，文法規則や語彙などの「言語形式」を重視して教えていました（和泉, 2009, p.13）。これをフォーカス・オン・フォームとは区別して，**フォーカス・オン・フォームズ**（focus on forms）と呼んでいます（Long & Robinson, 1998）。しかし，この教授法では，上の和泉による特徴にもある「意味あるコンテクスト」「意味あるコミュニケーション」とは切り離された指導となりがちでした。

その一方で，フォーカス・オン・フォームの言語観を具現化する指導法であるディクトグロスは，Wajnryb の定義でも書きましたが,「内容のある」英文を素材とし，正確なことばの使い方の習得を目指して言語形式に注目させる指導であり，**コミュニケーション活動と言語形式の学習を統合させた活動**であることがわかります。それは，内容と文法を切り分けて指導するやり方ではなく，意味と形式を統合した教え方という点で，フォーカス・オン・フォームの特徴に合致します。

フォーカス・オン・フォームは，具体的な指導手順を示す**メソッド**（method）ではなく，言語に対する考え方，つまり**アプローチ**です（和泉, 2009,「はじめに」v）。フォーカス・オン・フォームという言語観（アプローチ）に立って，後述する PCPP メソッドという具体的な**指導手順**（method）に従い，ディクトグロスという具体的な**指導技術**（technique）があるのです。

和泉（2009,「はじめに i」）は,「いかにして生徒のやる気を掻き立て，それを維持しながら，文法や語彙の指導を行っていくか」という重要な点を指摘しています。内容的な面白さがなければ，文法や語彙の習得のやる気を掻き立てるのは難しいでしょう。また,「F on F を行った後は，必ず学習者の注意を意味内容に戻してやることが大切」と重要な点を指摘しています（p.

216)。つまり，内容（意味）→言語形式→内容（意味）という流れですが，ディクトグロスでは意味内容を考え，そして言語形式に注目させ，そして原文を読む過程でもう一度，学習者の注意を意味内容に戻してやることができるのです。

また，Long & Robinson (1998) は，フォーカス・オン・フォームについて次のように述べています。

> Focus on form often consists of an occasional shift of attention to linguistics code feature—by the teacher—and/or one or more students (p. 23)

興味深いのは，フォーカス・オン・フォームに基づく指導では，必要な言語形式面に注意を向けさせていくのですが，それは教師だけでなく**生徒間によっても成立する**ものである，と述べている点です。これはまさしく，教師から生徒への一方的な指導ではなく，ディクトグロスの特徴でもある「学び合い」によって，フォーカス・オン・フォームが起きるということを指摘しているのです。

Stockwell (2010) は，Harley, Harley & Swain の研究結果を引用しながら，次のように述べています。

> when lessons are overwhelmingly focused on meaning, there is limited focus on form by learners
> （レッスンが意味重視に極端に偏っていると，学習による focus on form は限定的なものとなってしまう。） （筆者訳）

日本の中学校・高校の英語授業が「英語で行うことを基本とする」ようになりました（文部科学省, 2009, 2017)。もちろん目標言語を使って学習することには大きな効果があるでしょう。しかし，「英語で英語の授業を行うことを基本とする」という文言の前には重要な一言がついていることがあまり取り上げられていないことを懸念しています。その一言とは，

「授業をコミュニケーションの場とするために」

という目的です。「英語で英語の授業を行う」という**手段** (means) ばかりがクローズアップされたため，「授業をコミュニケーションの場とするため」

という**目的**が見失われてしまった感があります。この**目的と手段が乖離したときに，学習者と指導者の思惑がずれる**のです。これをあえて旅行に例えると，目的地が近所の公園なのに，飛行機という手段は選ばないでしょう。しかし，目的地が外国なのに自転車という手段は選びません。**目的と手段が合っていることが大切**なのです。最近では「専門科目を英語で学べます」という大学も増えてきました。しかし，内容の難しい専門的知識を身に付けるのと，英語力を身に付けるという2つの目的が融合しないケースが多いため，専門科目を英語で学ぶことがしっくりこない場合があるのです。高校段階までは，「日常生活や社会的な話題」について，英語を通して「コミュニケーション力を付けさせる」わけですから，目的と手段は一致しています。したがって，授業は英語で行うことを基本とすべきですが，もしその目的が異なるのであれば，母語である日本語も当然活用すべきです。では**ディクトグロスの復元ステップは，英語と日本語のどちらで行わせるのがよいのでしょうか**。「目的と手段を合わせる」という観点から言えば，英文の復元の難易度がある程度高く，英文を復元させることを通して，文法の正確さや話の一貫性に目を向けさせることが目的であれば，日本語をしっかりと使って，その根拠や筋道を議論させる方がよいでしょう。英文の復元の難易度が低く，ペアやグループ内のディスカッションを通してコミュニケーション能力を付けさせるのが目的であれば，英語で行うのがよいでしょう。

「英語で英語の授業を行う」には，教師が発問をしたり，具体例を挙げたり，言い換えたりが基本となります（前田, 2012）。ここで，Stockwell (2010) が危惧する，英語による英語の授業で「意味重視に極端に偏る」ことの弊害が懸念されます。前田・岡野定 (2010) によると，**意味重視に極端に偏った授業では，品詞（a part of speech）の判別能力に問題が出てくる**という報告があります。米山・杉山・多田 (2002)，樋口 (2007) も文法能力の低下について指摘をしています。英語検定の1つにIELTSがありますが，ほとんどと言っても過言でないほど，**言い換え**（paraphrase）や**同義語**（synonym）を理解する能力が試されます。言い換えが理解できるということは，それだけ語彙力が豊富にあるということを意味しますし，日本語を介さないで英語を理解しているかを英語で測ることも，この「言い換え」によって行えます。言い換えは，最も効果的にコミュニケーションを行う方法である**コミュニケーション・ストラテジー**（communication strategy）の1

つでもあります（望月他, 2018, pp. 114–115）。しかし，その指導となると，どのようなことが起こり得るのでしょうか。例えば，次のような説明が多く行われているのです。次の英文が指導で用いるテクストだとします。

> Kanazawa is a tourist city and famous for its traditional crafts.
> （金沢は観光都市であり，伝統工芸品で有名です。）

そして教師が，英語で次のような言い換えをしたとします。

> T: You know, Kanazawa, it's very famous for sightseeing, right? So, a lot of people go there for sightseeing. Traditional crafts like plates, bowls, and lacquer wares are famous. They have a long history.

(Kanazawa Lacquer Ware)

テクストの traditional crafts に対して，plates や bowls などの具体例を出したり，lacquer wares などの写真も添え What's this? などと尋ねたりして「やり取りをしていく」のが，英語で行う授業の進め方の一例です。What are traditional crafts? Give me some examples. と投げかけ，生徒に具体例を考えさせ英語で引き出すのもよいでしょう。しかしながら，問題は下線を引いた部分です。テクストの tourist は「観光の」という形容詞の働きをしているのに対して，教師の説明では sightseeing という名詞で置き換え，traditional crafts という部分は，They（＝Traditional crafts）have a long history. と文に置き換えています。生徒たちは，「tourist というのは，sightseeing で観光のことか」「traditional は長い歴史ということか」と受け止め，概要として意味は伝わるでしょう。しかし，その語句の持っている働き（品詞）に注目させるのが難しいどころか，**その働き（品詞）に対する概念を崩壊させてしまっている**ケースが少なくありません。この品詞の崩壊を非常に痛感するのは，学習者にアウトプット，つまり英作文などをさせたときです。*Play tennis is fun.（正しくは To play/Playing）などと動詞からいきなり始まる英文を書く生徒，また，*I smiled happy.（正しくは I smiled happily.）や *I wish you every happy.（正しくは I wish you every happiness.）などと書く生徒が多発しています。これも，意味に注目させながら言語形式や言語の働きに注目させるディクトグロスが，品詞の概念崩壊に対する問題解消の一助となり得るでしょう。

8. 「気づき」と言語形式（文法）学習

文部科学省は，「**国際共通語**（English as an International Language: EIL）としての英語力向上のための5つの提言と具体的施策」(2014）や高等学校学習指導要領（2018）等により，**文法はコミュニケーションを支えるもの**と一貫して位置付けています（村野井, 2016, p. 1)。「支える」というのは，下から支える「土台」的存在なのか，それとも寄り添って横から支える「支柱」的存在なのか，またその両方の側面を兼ね備えているのでしょうか。コミュニケーションの本質は，相手の存在することばのやり取りですから，伝えたいことを文法規則に沿って発信し，発信されたものを文法規則に沿って理解することを考えると，**コミュニケーションが成立するには，まずある程度の文法力が必要であり，土台となっている側面が強い**ことは明らかです。そして，日本の英語教育ではこれを，**コミュニケーションの「前」に，文法を「先」にしっかりと教えないといけない，という順序の問題にすり替えられて議論にされがち**です。しかし，第二言語習得研究における**中間言語**(interlanguage)★ のメカニズムを考えると，学習者が初見ですべてを理解し習得することは考えにくく，コミュニケーションを通して誤りを重ねながら，よりよく（refine）していくものと考えられます。この考え方はフォーカス・オン・フォームにも通じるものです。

前節でも述べましたが，フォーカス・オン・フォームに基づく指導の特徴である，学習者の注意を意味あるコンテクストの中で，必要な言語形式面に向けさせていくということは，これまでの伝統的な文法指導とは大きく異なる点です。

また，文法力に関して村野井（2016）は，「文法力は語彙力とともに人間のコミュニケーション能力の根幹を構成するもの」(p. 1）と述べ，その重要性について触れていますが，その「文法力」とは何を指しているのでしょうか。文法と一口に言っても，「文法とは何か」という文法の捉え方には諸説あります。村野井は，Quirk, Greenbaum, Leech, & Svartvik（1985）に従い，文法は**統語**（syntax）と**形態**（morphology）によって構成されると捉え，

Larsen-Freeman（1991, 2003）より，**文法を形式（form），意味（meaning），使用（use）の3観点で考える**ことが重要であると述べています。

★ **中間言語**（interlanguage）

第二言語学習途上の学習者の言語体系の総称。Selinker（1972）によって名付けられた（白畑他, 2009, p. 154）。学習者は新たに言語を学び始め，それが十分に運用できる状態を目標に学習する。その「途上」にある，不完全な状態の言語形態のこと。不完全な状態の目標言語をよりよく（refine）して，十分に運用できる状態を目指すのである。しかしその過程で停滞し，誤って習得された不完全な状態のまま定着してしまう**化石化**（fossilization）が起きることもある。

また，文法指導をするときに議論となるのは，**暗示的**（implicit）に教えるのか，それとも**明示的**（explicit）に教えるのか，そして**演繹的**（deductive）に教えるのか，それとも**帰納的**（inductive）に教えるのかということです（Stockwell, 2010）。浦野（2012）によると，文法知識には**明示的知識と暗示的知識**（explicit knowledge & implicit knowledge）があり，Ellis（1994）を引用して次のように定義しています。

> 明示的知識とは文法規則について「知っていること」を指し，分析された（analyzed），抽象的で（abstractive），説明的で（explanatory），意識的な（conscious）知識である。一方で，暗示的知識とは，意識的ではないのに持っている直感的な（intuitive）な知識を指し，根拠はうまく説明できないものの，ある文が文法的か否かを判断することのできる状態である（p. 36）

筆者は，高校現場で20年間英語を教えてきましたが，放課後に，質問に来た生徒に対し，文法を明示的に教えたときに「なるほど！ そうだったのですか。これまでの謎が解けました」と言って職員室をあとにする生徒が，少なからずいました。高校生なので，少なくとも中学校の3年間は英語を学んできたわけですが，明示的な文法の仕組みがわかって，これまでの何となくぼんやりした感じの言語使用の謎に「答え」が出たのでしょう。言語学習には，**曖昧さへの耐性**（tolerance of ambiguity）は必要ですが，いつまでもぼんやり曖昧なままでは学習意欲は高まりません。しかしながら，入門期の学習者に対して同様に，明示的な指導をしていたらよかったのかと言えば，そうとも限らないでしょう。該当する言語の使用が，ある程度自然なものとなり，そして適する場面で使用できる素地ができ上がったからこそ，前述の生徒はスポンジが水を吸い込むようにスッと，文法の「知識」を「吸い込み」，明示的な説明によって知識を「強化」したと考えられます。

また，ある程度暗示的な知識のある高校生だからこそ，明示的な説明が腑に落ちたのだろうと前述しましたが，教える内容によっては，状況も変わるはずです。筆者が高校で英語を教えていたころ，**外国語指導助手**（Assistant Language Teacher: ALT）が配属されており，ALT と**日本人英語教師**（Japanese Teacher of English: JTE）が共同で授業を行う**ティーム・ティーチング**（Team Teaching: TT.）がありました。おおよそのレッスンプランは，その ALT に任せられていたのですが，あるレッスンで冠詞の使い分け，some や other の使い分けを扱っていました。しかし，その授業は，当の ALT も，生徒も，一緒に教壇に立つ JTE の筆者もすっきりしない時間となってしまいました。a や the など冠詞の使い分けなどは特に，ネイティブにとってはその特徴である，感覚的な正誤判断によって使用されている文法事項の代表例であり，それを英語で明示的に，かつ演繹的に説明しようとしたことが，その授業のつまずきの原因となったものと考えられます。

では，ディクトグロスで育成できる文法力とは，明示的文法知識と暗示的文法知識のどちらでしょうか。Nourdad & Aghayi (2014) は，フォーカス・オン・フォームでは，コミュニケーションの中で，暗示的知識に焦点を合わせられると述べています。また，浦野（2012）は，インプットを処理（理解）し，自分の考えを産出するために主要な役割を果たすのは暗示的知識であり，明示的知識はインプット処理や産出の段階で暗示的知識が不足している場合に，それを補うために使われると述べています（p. 37）。これをディクトグロスに当てはめると，**暗示的知識を活用してトップダウン的に内容に焦点を当てて語句を書き取り，ペアやグループ討議で明示的知識も活用しながら英文を完成させ，再び内容に焦点を当てていく**のです。

そのインタラクティブな処理に関連して，Wajnryb（1990）が次のように述べています。

> ディクトグロスは，テクストに基づいて，学習者が文法の働きを，より理解するのを助けるためにデザインされている。英語の文法をどう使用するかを，より正確に理解することができる（p.6）
>
> （訳，下線は筆者）

彼女の主張から，ディクトグロスによって，明示的文法知識として「知っていること」を越えて，暗示的知識として「どのように使うか判断できる」「文法の直感的な正誤判断」ができることをねらったものであることがわかります。つまり，明示的知識と暗示的知識は総体として捉え，理解にとどまらず，産出までを考えているのです。

ディクトグロスにおいては，どの文法事項を，どの発達段階の学習者に，どのような素材として提供したら効果があるかは，まだはっきりとは解明されていません。断片的に，受動態における習得に効果があったかを検証したもの（Qin, 2008），目的格の代名詞の習得に効果があったかを検証したもの（VanPatten, Inclezan, & Salazar, 2009）など，特に海外における実証研究はありますが，日本人英語学習者を対象としたものはあまりないのが実状です。

また，**学習者の誤りをどう直していくか**も重要な点です。和泉（2009）は，「様々な発達段階の誤りを犯すこと自体が，言語発達の証拠」と述べ（p. 38），学習者の誤りは決して否定的ではないことを強調しています。

しかしながら，Krashen（1981）によると，「学習者の誤りを教えることや訂正することは，中間言語の発達には効果がない」と指摘しています。確かに，学習者の立場となりライティングの課題を提出したとして，赤ペンで真っ赤になったものが返却されたら，言語発達的な効果どころか，それだけでモチベーションすらあがりません。誤った英語を正しい英語に上書きするだけのエネルギーにはなりにくいでしょう。白畑（2015）は，「学習者の産出するすべての誤りに修正を施し返却する指導法は効果が期待できない」と述べています（p. 174）。

「たいていの教師は生徒が誤りをすれば直そうとする。それが教師の役割だと思っている」（白畑，2015，「はじめに iii」）ものです。しかし，自らの手で誤りや足りないものに気づき（noticing of the hole），自分で直していく，しかもそれは，文を復元している最中に「ここ怪しいなぁ」とか「これでよかったのかな」と注意を向けたうえで，**自らの手で誤りを修正していく**ところにディクトグロスの真髄があります。望月他（2018, p.170）は，Bartram & Walton（1991）を引用し，「最も多く訂正する教師が最も成功する教師だというわけではない。その反対が正しいという証拠がある」と述べ，教師の誤り訂正に一考を与えています。また，ペアやグループの中で生徒同士交換させて，誤りを指摘する方法が持続的（sustainable）で，認知的効果が期待される良い方法だと述べています。

その一方で，望月他は，教師などからのフィードバックとして，**否定的フィードバック**（negative feedback）あるいは**訂正フィードバック**（corrective feedback）が，ある程度有効であると主張する研究者が多いと述べています（Long, 2007; Lyster & Ranta, 1997; 高島, 1999 他）。否定的フィードバックは，前述の化石化を防ぐとも言われています（望月他, 2018, p.106）。また，明示的な指導，誤り訂正について白畑（2015）は，短期的であり，教師の説明をある程度理解できるという認知能力，分析的思考能力と関連があり，今までに十分教えられてこなかった文法規則，または忘れてしまっている文法規則には効果があるのではないかと示唆しています（pp.180-181）。ディクトグロスにおいても，どのような文法項目に特に有効なのか，検証が待たれるところであり，ディクトグロスで「気づいた」文法的誤りを，どのように教師がフィードバックしていくかも大切になってきます。

学習者が，自身の中間言語に基づいてコミュニケーションを行いアウトプットしたものが，正確性も含めて相手に伝わったかどうかを確かめることを**仮説検証**（hypothesis testing）と呼びます。しかしながら，日本のようなEFLの環境において，学習者同士のコミュニケーションではこの仮説検証は生まれにくいもの事実です。なぜなら，メッセージの送り手としても自身の中間言語に自信がなく，受け取り手としても相手の言語が正しいのか（誤っているのか）の判断に自信が持てないのです。したがって，クラスサイズの大きい日本の英語教室において仮説検証が行えるのは，コミュニケーション活動において，ある程度モデル（模範）があるものが現実的と言えます。村野井（2006, p.15）は，仮説検証は必ずしも教師や話し相手からのフィードバックから起きるものばかりではなく，自分の仮説と目標言語に含まれるインプットとの比較を通して自ら検証できることを指摘しています。前田のディクトグロスのステップ（g）原文を配布し，復元した英文と比較・

分析させることによって，この仮説検証のプロセスを実現させることができると考えられます。

アウトプットの重要性は，Swain（1985）が，学習者は相手にとって**理解可能なアウトプット**（comprehensible output）をすることが重要であると主張しています。

ディクトグロスは，「音声」と「文字」，それらを結び付ける「意味」の関係を強化させるのにも役立ちます。筆者が大学生のころ，アメリカの小学校（低学年）で授業をしたことがありました。子どもたちが最後に，筆者に手紙を書いてくれたのですが，クラスの 4 分の 1 程度の子どもたちが Your nice! と書いていました（本当は You're nice! と，書きたかったものと思われます）。たとえネイティブ・スピーカーであっても，低学年の発達段階においては，所有格（Your）の習得が be 動詞の短縮形（You're）の習得よりも先行し，音や意味，そして文字のつながりができていないことを経験した瞬間でした。日本の教室でディクトグロスを実践していると，「音」として聞こえたメモを基に，「意味」を考えて「文字（文）」を復元する際，それらのずれに，自ら気づく学習者が多いことがわかります。

「気づき」について，Schmidt（1990）によると，awareness には，perception, noticing, understanding の 3 段階があると言います（p. 153）。筆者はこれらを「感じとる」「気づく」「わかる」と捉えています。最初の「感じとる」段階は，人としての感受性も関係してくるとは思いますが，違い（gap）があればあるほど，「感じとる」チャンスは大きくなるでしょう。例えば，筆者が英語学習を始めたきっかけは，英語のカセットテープ音声（CD ではない，ましてやダウンロード世代でもない）を聞いたことからでした。それまで日本語としてカタカナで聞いていた「オーストラリア」が英語の「オーストゥレェィリャァ」と聞こえ，日本語と英語の違いを「感じと」り，英語の発音の面白さから英語学習を始めた記憶があります。そのうち，日本語とは違って英語は，「どこかを強く長く発音する」と「気づき」始め，あとになって音声学を勉強すると，強勢アクセントが置かれる母音は強く，大きく，高く発音する，ということが「わかる」のです。「感じとる」「気づく」「わかる」には，それらの一方向性もありますから，理屈で「わかる」前に，特に「感じとる」「気づく」体験をできるだけたくさんさせてあげることが大切です。ちなみに本章第 11 節でも触れますが，意味の処理が起きるわけではないけれども，「気づき」，つまり注意が向けられるという働きのことを**感覚記憶**（sensory memory）と言います。

9.　ディクトグロスは授業のどの場面で取り入れられるべきか

ディクトグロスの効果がフルに発揮される，その目的に合致した授業の場面とはどこでしょうか。本書の「はじめに」でも書きましたが，ある活動を「なぜ，授業の中の，この場面で取り入れようとしていたのか」を考えることは，とても大切なことです。なぜなら，**取り入れる場面によって，その活動の「目的」が異なってくる**からです。例えば，リスニング活動を例にとってみましょう。本文を読む前にリスニングをする場合と，本文を読んでからリスニングするのとでは目的が変わってきます。本文を読む前のリスニングは，これから読む英文の概要を，音声を通して把握したり，オーラル・イントロダクション的な目的があったりします。その一方で，本文を読んでからのリスニングは，読んだ内容の復習であったり，前述したように文字と音声を結び付ける音韻符号化の目的であったりすることが多いでしょう。

日本の英語教育は，素材（教材）は豊富なのですが，それで何を作るか（ゴールとするか）が，各先生の裁量によるところが大きかったのです。料理に例えるならば，ニンジン・タマネギ・ジャガイモ・牛肉といった同じ素材があっても，ある先生は肉じゃが，ある先生はカレー，あるいはスープやポテトサラダなどと，できあがるものが大きく異なっていました。そこでCan-do リストによって，目の前の生徒に「どのような力を付けさせるのか」「最終的に何ができるようになってほしいのか」というゴールを同僚と共有し，「できあがる料理」を各学校（各学年）で，共通で認識しましょうとなったのです。しかし，最後にできあがる「料理名」（＝ゴール）は共通でも，そこにたどり着く手順とできあがりの味はかなり異なっているのが現状です。再び料理に例えると，筆者は，カレーを作るとき先に素材を炒めてから煮込むか，炒めないで煮込むか大激論になったことがあります。仲間や同僚とカレーの作り方を話し合ってみると，身近な料理にもかかわらず（だからこそ），意外に異なることに気づくと思います。ある先生は「まず肉を先に炒める」と言います。その理由は肉の出汁を出して味わいをよくするためで，また別の先生は「素材は炒めることなくすぐに煮込み，特に肉は最後に入れて煮る」と言います。それは「肉が硬くならず，全体的に脂っぽくならないため」だと言います。手順にはそれぞれの思惑や意図があり，それによってできあがりの味も違ってくるでしょう。また，栄養学の先生に言わせると，カレーに本当に必要な野菜はタマネギであって，タマネギがあることでカレーのルーと水がうまく調和するのだそうです。したがってタマネギ以外はブロッコリーやナスなどアレンジしてもよく，それはどちらかと言えば好みの問題となってくるのだそうです。英語教育に当てはめると，英文を読ませる前に聞かせるのか，読ませたあとに聞かせるのか，読ませる前に単語をおさえるのか，読ませながら単語をおさえるのかなど，英語の授業における「手順」に関する科学的な議論が必要です。

第二言語習得，この場合は広義の外国語学習も含まれていますが，村野井(2006) によると，**気づき**，**理解**，**内在化**，**統合**などの認知プロセス（内的変化）を経ることによって，段階的に学習者の言語知識として定着し，最終的にはアウトプットする力につながると言います (p.9)。この第二言語習得における，気づき，理解，内在化，統合などの認知プロセスを具現化した授業プロセスを **PCPP メソッド** (PCPP method) と呼んでいます（前田，2012, p.86)。村野井は，第二言語習得の理論と現場の授業を結び付ける有効な指導法として PCPP の流れを挙げています。教科書を用いた内容中心の指導は，提示 (Presentation)，理解 (Comprehension)，練習 (Practice)，産出 (Production) の PCPP の流れで行うことによって，「従来の英語指導法を抜本的に変更せずに行うことが可能であり，それは第二言語習得の認知プロセスに効果的に働きかけると予測することができる」(p.18) のです。

提示 P＝Presentation
(今日の授業で扱う内容について教師から聞いたりする。)
理解 C＝Comprehension
(扱う内容を主に読むことによって内容を理解する。)
練習 P＝Practice
(音読やスペリング練習，有意味な文法練習などをする。)
産出 P＝Production
(習った英語を使ってコミュニケーション活動をする。)

確かに第二言語習得の観点から見ても，最初の提示（Presentation）で「聞いたり」あるいは聞いたことに関して「話したり」したりして，次の理解（Comprehension）で「読んで」「内容を確認」し，練習（Practice）で文字として読んだものを音声と結び付け，最後に産出（Production）で実際に使ってみるというのは理にかなっています。言い換えれば，最初の提示（P）が主にインプットとなり，次の理解（C）と練習（P）で**インテイク**（intake）処理が起き，最終的には産出（P）でアウトプットに向かって行くことになります（村野井，2006, p.9）。次の図は第二言語習得の認知プロセスとPCPPによる第二言語指導の関係を示したものです。

表 9.1.　第二言語習得の認知プロセスと PCPP による第二言語指導の関係

第二言語習得の認知プロセス	PCPP
インプット（input） ↓↑	P＝Presentation
理解（comprehension） ↓↑	C＝Comprehension
内在化（intake） ↓↑	P＝Practice
統合（integration） ↓↑ アウトプット（output）	P＝Production

（村野井，2006, p.23 を基に作成）

P，C，P，Pの各段階は独立したものではありません。例えば，提示（P）をとってみても，インプットと理解にまたがっています。提示（P）では，「聞くこと」で終わらずに，聞いて「話す」ことも考えられますから，アウトプットの要素も含んでいます。また，アウトプットの段階で，教師から**リキャスト**（recast）されることがあれば，統合や内在化を助けることになるでしょう。つまり，インプットからアウトプットに一方的にたどるのではなく，相互で補完し合い，総合的に第二言語習得の認知プロセスが進むと言えます。これは学習指導要領が目指す「言語活動を有機的に関連付けつつ総合的に指導する」という流れにそっています。このPCPPの流れにかかわる主な技能は，提示（P）ではリスニングやスピーキング，理解（C）ではリスニングやリーディング，練習（P）ではスピーキングやリーディング，そし

て産出 (P) ではライティングやスピーキングなどの統合的な技能指導となっているのです。では具体的に，PCPP のそれぞれの段階でどのような指導が行われるのかを考察していきます。

① 提示 (Presentation)

提示 (P) とは「題材内容に関する背景知識を活性化する活動」(村野井, 2006, p. 19) と定義され，Pre-reading 活動 (門田・氏木・野呂, 2010) とも言われます。英語で指導するとなると，この提示 (P) はしばしば**オーラル・イントロダクション** (oral introduction) の形をとります。では，実際どのようにオーラル・イントロダクションを作っていけばよいのでしょうか。オーラル・イントロダクションのパターンは，以下のように分類できます (前田, 2012, pp. 89-93)。

(a) キーワード収束型
(b) キーワード拡散型
(c) ストーリーテリング型
　(あ) 時系列方式
　(い) 叙述順方式
　(う) 例示先行方式

(a) の「キーワード収束型」は，生徒自身の経験や思いを本文に出てくるキーワードに結び付けていくオーラル・イントロダクションです。いわば，オーラル・イントロダクションのクライマックス (最後の方) に「キーワード」が登場する型です。教師は本時で扱う本文より，1 つキーワードを選びます。例えば，“nutrients” をキーワードに選び，次の例のように，「朝食に何を食べたか」という身近な話題から入っていきます。

T: What did you eat this morning?
S: I had rice and miso soup.
T: What do you think is the typical Japanese food eaten with rice?
S: I think it is natto.
T: I think so, too. Then, what are the benefits of natto?

S: Natto is good for our health.

T: Yes, natto is rich in nutrients such as vitamins and minerals.
(nutrients という未知語に対して，vitamins や minerals という学習者にとっての既知語を例に出して結び付ける。)
Today, let's read about the nutrients of food.

(b) の「キーワード拡散型」は，本時で扱う本文のキーワードを先に提示して，生徒のイマジネーションを広げていくやり方です。**ブレインストーミング** (brainstorming) ということもできます。例えば，次の英文では "code" が英文理解の鍵と考えられるので，キーワードとして提示します。(下線は筆者)

> How many of you have seen the movie *Jurassic Park*? It is an exciting movie about what happens when some scientists bring dinosaurs back to life. The dinosaurs have been extinct for millions and millions of years, but they are brought back to life by using their DNA. DNA is a molecule with a <u>code</u> that contains everything needed to build a living thing.
>
> (CROWN English Series II (平成 18 年版) Lesson 7, Part 1)

T: Have you ever heard the word "code" before in your everyday life? Tell me some English phrases that include the word "code".

S: Bar code, code name, security code, dress code …

T: Great! Take a look at the word "bar code" now. What information can we get by a bar code?

S: Name and price of the products.

T: Exactly! A code contains a lot of information that we need. Today, let's read about the scientists who have studied dinosaurs' DNA with a code.

このように，code というキーワードを提示して，ペアやグループで code から連想するものをブレインストーミングさせたあと，アイディアをクラス全体で共有することで，“A code contains a lot of information that we need” という本文の概要を理解するための入口を作るオーラル・イントロダクションです。

(c) の「ストーリーテリング型」はいわゆる映画の予告のようにあらすじを伝えるやり方で，次に示す（あ）から（う）の 3 つのパターンが考えられます。

（あ）時系列方式は，In 1932 …, Next year …, Today … と時間を表す表現に着目してオーラル・イントロダクションを組み立てていくものです。例えば，下の英文を見てください。（下線は筆者）

> When people from Europe first came to Canada some 400 years ago, they met various groups of aboriginal people. These native people had either a nomadic or settled lifestyle. They lived in harmony with the land as hunters, fisherman, or farmers. Today the aboriginal population in Canada is only about 2.6 percent of all Canadians. In spite of their small population, aboriginal people are considered to have made a great contribution to Canadian culture. Their art is especially famous. For example, their totem poles, weaving, and beadwork are highly valued. A totem pole is often set up in front of a house.
>
> (Power On English II（平成 20 年版）Lesson 8, Part 3)

この英文では，400 years ago と today に着目してオーラル・イントロダクションを作ることができます。時間の経過に着目させることで，歴史の動きや，物語であれば場面の移り変わりを実感させることができます。

（例） It was 400 years ago that people from Europe first came to Canada. They got to know people who lived in Canada and learned a lot from them. Today, the aboriginal population, that is, the number of natives in Canada, has decreased. However, people in Canada think that aboriginal people made something good and famous. Do you know any examples of such things?

（い）叙述順方式は，Hunger can be classified into three categories. First ..., Second ... のように順序立てて言っていくものです。科学的あるいは社会的な記述文で，事実や具体例が並べられているものはこの方式が適します。

> It seems that studies on the effects of green tea agree with Eisai. They show that the catechin in green tea has an anticancer action and a strong effect on influenza. They also report that catechin can control high blood pressure. In addition, the studies claim that green tea is good for weight control, antiaging, and healthy teeth. Some doctors say that gargling with green tea is very effective in preventing colds. Now, wouldn't you like a cup of tea?
>
> (Power On English II（平成20年版）Lesson 2, Part 3)

（例）Studies show that green tea has many benefits. Can you guess any such benefits? First, as green tea has catechin, you will not get sick easily with flu and cancer. Second, catechin can control high blood pressure. Third, green tea is good for your teeth and body. Now, would you like to drink a cup of tea?

（う）例示先行方式は，本文に出てくる具体例を先に紹介し，その具体例が何を言わんとしているかを考えさせるものです。例えば，"Do you listen to classical music? It's important to enjoy Beethoven's symphony." という内容の書き出しの英文が教科書にありました。その話の結論は，クラシック音楽をゆっくり聴く余裕が現代生活では大切だということだったのですが，最初はベートーベンの交響曲の話から始まり，徐々に書き手の意見や結論につながっていく，具体例や身近な話題から意見や結論へと進む型です。

次の英文では，大平さんという方が主人公ですが，最初は双眼鏡（binoculars）やプラネタリウム（planetarium），ギネス記録（Guinness World Records）などが出てきて，最初は何が言いたいのかがはっきりしません。言いたいことが出てくるまで，しばらく我慢して読み進める必要があるパターンの英文です。

> Have you ever used binoculars to look at stars in a planetarium? In November 2004, one planetarium projector was recognized in Guinness World Records as "the world's most advanced planetarium projector." The stars are so tiny and precise that by using binoculars, you can enjoy the beautiful sight. The projector was created by a young Japanese man, Ohira Takayuki.
>
> (Power On English II（平成 20 年版）Lesson 4, Part 1)

（例）（大平さんの写真を黒板に貼って）Do you know this man? This Japanese man is very famous would wide for something. His name is Ohira Takayuki. Let's read the story about him and find what he made.

このストーリーテリング型で留意すべきは，教師がしゃべりすぎないことです。クライマックスや結論がわかってしまった内容を「さぁ，読んでみよう」と言われても，新しい情報を得るという目的では読む気にならなくなってしまうことが懸念されます。

以上，教師が行うイントロダクションを見てきましたが，生徒の力を活用した**ビジュアル・イントロダクション**（visual introduction）をすることで，生徒中心の，生徒に気づきを起こさせるイントロダクションも可能になります。

〈ビジュアル・イントロダクションの手順〉
- 生徒をペア（Person A or B）にする。
- Person（A）は前のスクリーンの方を向いたまま，Person（B）は机ごとうしろを向かせてスクリーンは見えないようにさせる。
- 教師が，写真または動画をスクリーンに提示する。
- Person（A）が，写真または動画の内容を英語で説明する。Person（B）は，教室のうしろの方を向いたままそれを聞いて絵を描く。
- 発達段階や習熟度に応じて，ジェスチャーも使用可とする。
- 写真や映像の内容にもよるが，2 分程度で終了とする。Person（B）

が描いた絵を，Person（A）が5点満点で点数を付ける。
・Person（A）と Person（B）を交代させる。
・同じく2分程度で終了する。今度は，Person（A）が描いた絵を，Person（B）が5点満点で点数を付ける。
・最後に，両方の写真や映像をそれぞれスクリーンに提示して確認させる。

このビジュアル・イントロダクション成功のポイントは，2つあります。1つ目は，これから読むテクストの概要を表した「良質の写真や映像」を Person A 用と Person B 用の2パターン用意することです。これに関しては，教師が「一読者」の視点で英文を読み，純粋に「ここに目を向けたい」と思う箇所を2つ選ぶとよいでしょう。曲や映画などのタイトルはその内容を端的かつ適切にうまく表していると思いますが，それと似た感覚で，生徒にここを気づかせたい，考えさせたい，ここが内容的にそして言語的にポイントであるという箇所からキーワードを選び，インターネットの検索サイトでそのキーワードを入力し，「画像」タブを選択すると用意したいイメージの写真に近いものが入手できます。成功のポイントの2つ目は，絵を描き終わらせたあとの，確認の仕方です。写真や映像をスクリーンに提示し，Where is this? や What is he/she doing? と概要をつかませる発問から入ることがポイントです。例えば教科書に，ナイフとフォークの歴史にまつわる話がありました。文法のターゲットは，道具の使用を表す前置詞 with の用法です。

T: Where is this?
Ss: Restaurant!
T: That’s right! What is this woman doing?
Ss: She is eating.
T: Yes, she is eating something with …
（ナイフとフォークのジェスチャーをする）
Ss: Knife and fork.
T: Great! She is eating something with a knife and fork.
（このターゲット文を，教師が絵を指さしながら生徒に何度もリピートさせる。)

T:　Today, let's read about the history of the knife and fork.

まず，Where is this? と発問し，生徒は「レストラン」と答えます。レストランに行ったことがない（あるいは知らない）生徒は，恐らくいないでしょうから，このやり取りをすることによって，絵を描く側の脳裏に「レストランという場面状況」が鮮明になり，イメージが湧くことを実感させることができます。教師が確認をするときに，常にこの発問から始めることで，伝える側の生徒は，まず概要から伝えるように変わっていきます。そして，ナイフとフォークを「使って」という部分は，S use a knife and fork. と動詞の use の用法しか既知の語法としては知らなかったところを，「with a knife and fork と言えるのだ」と気づかせ，帰納的に導入して習得の素地を作りました。教師は良い写真や映像を選び，そして概要から要点へと向かうような発問をし，できればターゲットの文法も絡ませて確認をしていくのです。あとは生徒の力を利用し，生徒はゲーム感覚で楽しみながら，これから読む英文について一方は英語で語り，一方は脳裏に場面状況を描きそれを絵にしたためます。先生がしゃべりすぎず，生徒が活躍する，そんなイントロダクションができあがるのです。

② 理解 (Comprehension)

村野井 (2006, p. 20) によれば，理解 (C) は「教科書の題材内容の理解を中心とした聴解活動および読解活動」と定義され，リスニング，リーディングどちらに関しても情報やメッセージを理解する活動を意味しますが，まずは**概要と要点をつかませる指導**が必要です。概要とは，読んだ英語のおおよその内容や全体的な流れのことであり，要点とは，書き手が伝えたい主な考えなどの読み落としてはならない重要なポイントのことです（文部科学省，2018, p. 25)。概要と要点をつかませる指導として，大まかな意味をさっと把握する**スキミング読み** (skimming) や特定の情報を探しながら読む**スキャニング読み** (scanning) を指導したり，そのほかに**スラッシュ・リーディング** (slash reading)，重要な語句を探し当てる**キーフレーズ読み** (key-phrase reading)，理解度確認などの多様な意味重視の読解活動をしたりすることが考えられます。

伝統的な教授法では，この段階で文法を適用して文の分析を行い，英語を日本語にする**文法訳読法**（Grammar Translation Method: GTM）の手法が用いられることが多いのです。もちろん英語を日本語に訳して意味のある場合もあります。例えば，He runs a company. を「彼は会社で走っている」と誤訳すれば，他動詞 run の「～を経営する」の意味がわかっていないと「確認」することができます。このように単語レベルの下位処理能力を「確認」するには，日本語訳は適します。しかしそれは，あくまでも「確認」であって，コミュニケーションとは遠いところにあることを念頭に置く必要があります。訳をさせると単に英単語を日本語へ置き換えるだけの「作業」になり，「わかったつもり」になってしまっていることがしばしば起きているのです。

英語で考えさせる授業を行い，英語を通して内容理解を深めさせるには，教師の英語力も必要です。ここで必要な教師の英語力は総合的なものです。例えば，内容理解を促すための発問能力，本文の話の展開を処理する談話能力，生徒の答えや発言を受け取って活かすコミュニケーションに必要な英語力など，広義の多岐にわたる英語運用能力です。そして何より，一読者として英語を読み，感じる力も大切です。そう簡単に英文内容が理解できない高校の教科書を使って，どのようにすれば生徒に考えさせることができ，内容を理解させることができるかは，教師のこれら広義の英語運用能力にかかっていると言えます。教室では，Q & A による内容理解確認を通して，内容を深く掘り下げる方法がよくとられます。どのような種類の Q & A があり，それぞれのクエスチョンタイプがどのように機能するのかを含め，具体的な英語での内容理解の方法と問題点についてまとめます。

表 9.2.　具体的な英語での内容理解の方法と問題点

(1)　Q & A (T/F や Q & A による内容確認)

(a)　display question（**事実発問**：答えがあらかじめ決まっており，本文から探して答える。）

例：What can methane hydrate be called?

(b)　referential question（生徒が答えを知っているかどうか教師は知らない。）

例：Have you ever heard of methane hydrate?

(c) personal question（生徒個人の意見を聞くもの）

例：Do you think methane hydrate is a good alternative energy resource? Why?

(b) inferential question（**推論発問**）

例：Should we Japanese make use of this new energy resource?

◆問題点：教師の発問に答えられたからと言って内容を理解しているとは限らない。特に display question において，本文と発問の英語表現が同一，あるいはほぼ同じ場合（言い換えがなされていない場合），きっとここを書き写せばよいだろうといった**当て推量（guessing）**，いわゆる当てずっぽうになる可能性がある。どの種類の発問を，どの程度，どの習熟度の生徒に対して与えるべきか。どのように答え合わせをするべきか。

(2) オーラル・インタープリテーション (oral interpretation)

子どもに絵本を読み聞かすイメージ，パラフレーズを多く用いる。

◆問題点：教師が英文を音読していくが，声に出して読んだだけで意味理解まで行われたかのような錯覚がある。意味中心のパラフレーズにより品詞の概念が崩壊する危険性がある。効果的なイラスト，写真，映像を準備するのが難しい場合もある。また，それらを効果的に用いることができるかも大切なことである。

(3) インフォメーション・トランスファー (information transfer)

読んだ英文の情報に関して，書かれている情報の形式を変えてまとめる活動

（例） 読んだ内容について，

4枚の絵で表現してみよう。

「年代」に着目して表にまとめてみよう。

自分のことば（英語）を使って書き換えてみよう。

英語で（日本語で）要約してみよう。

質問を作って友達に尋ねてみよう。

サマリーを作ろう。

マインド・マップ (mind map) を作ろう。
◆問題点：表などにまとめたものをどのように答え合わせをするか。そのまとめたことをどうコミュニケーションにつなげるか。

(4) フリー・リコール (free recall)

英文を読ませたあと，「読んだ内容について覚えていることを何でもいいから思い出しなさい」と指示をしてペアで話させる（書かせる）。なるべく本文に出てきた順に，たくさんの情報について話すよう指示する。この活動をさせる前には，何も発問を与えないで黙読をさせる（つまり，筆者とのコミュニケーションの時間を大切にさせる）ことが大切である。その一方で，「○○の情報に留意しながら黙読しよう」，「黙読後，ペアで内容を話し合ってもらうので，できる限り内容を覚えるような読み方をしてみよう」とあらかじめ強調して指示することも考えられる。その指示（目的）によって，生徒の読み方（覚える情報）に差が出てくることが予測される。
◆問題点：話させた（書かせた）だけで終わらせず，次にどのような活動につなげるのか。活発な話し合いになるか否かは，ペアによる。

(5) 思考発話法 (think-aloud)

1文読ませるごとに「何が書いてあった？」「次に何が書かれていると思う？」と発問する。「次にどんなことが書かれていると思う？」「次はどうなると思う？」と**予期的推論** (predictive inference) させたりする。
◆問題点：個別指導には適するが全体指導には向かない。

（前田, 2012, pp. 95–97 を基に作成）

前田のディクトグロスでは，内容を扱ったあとでの実践を提案しており，内容理解の充実度が，ディクトグロスによるフォーカス・オン・フォームの成功度，つまり内容と言語形式の結び付きの成否を左右します。しかし，特に高校では，英語で行う英語の授業において，表面を確認するだけの発問を数問しただけで内容理解の過程を終えているケースも少なくはありません。「問い」について轡田（2013）は，著書『「考える力」をつける本』の中で，次のように述べています。

> 自分自身に対する問いかけがなければ，考えたり，書いたり，しゃべったりするための資料はどこからも出てきはしない。「問い」があってこそ，あらゆるものの意味が現れてくる。「問い」がなければ，「意味」もまたない。(p. 87)

まず考えさせられるのは，「考えたり，書いたり，しゃべったりするための資料はどこからも出てきはしない」という点です。拙書『高校英語「授業は英語で」はどこまで？』（前田, 2012, 北國新聞社出版局）の中で，**リーディングの“ファストフード化”**について，筆者は次のように述べました。

> 大量の情報から必要なことを探す技術は，この情報化社会において必須と言えます。その点でも，まとまりのある英文をさっと読んで大意をつかませる指導は大切です。しかし前述のとおり，進度確保のために事実確認のQ＆Aを中心として字面だけをさっと読ませ，内容を深く扱えないまま次に進んでしまうことが懸念されます。筆者はこれをリーディングの「ファストフード化」と呼んで危惧しています。限られた時間内で手軽に美味しく食べられるのですが，ずっと続くといつか栄養面で偏りが出てしまうかもしれないファストフードのように，Q＆Aで大意を確認する指導だけでは十分な力が付かず，内容を分かったつもりになる恐れがあるのです。英文について「聴いて，読んで，考えて，話して，書いて，発表して」と栄養バランスに優れた「フルコース」も生徒に味あわせたいものです。(pp. 55-56)

検定教科書の英文に物語文がめっきり減って，説明文や論証文が大半を占めています。また，大学入試問題も説明文や論証文が占めています。必然的に，入試長文問題集は，社会的な話題の説明文や論証文が多くなっています。それに伴って授業も，感じさせたり考えさせたりするというよりも，英文から情報を探し，見つけさせる技術を鍛える「実践トレーニングの場」のみになってしまっている可能性があります。邑本（2000）は，「英語が読めること言うことは，どのくらい豊かな推論を生成することができるかに依存する」と主張し，Graesser（1994, 1999）は，「情報を探すような読み方では，推論を生成する能力は付きにくい」と指摘しています。つまり，いまの英文素材の主流である説明文や論証文で情報を探すような読み方しかしていないと,「感じる」「考える」「想像する」という, 豊かな推論につながる力が養成できない可能性を示唆しているのです。情報と情報を統合し, 場面や状況を描くような読み手の育成が大切であって, ただ情報を探し出す能力を付けさせればよいのではないのです。

その「表面上」の語句を探しただけの「資料」(=英文) を基に, 考えたり, 書いたり, しゃべったりするのは難しいことであり, 轡田は深い「問い」の必要性を指摘しています。学習者に深い読みをさせる問い, 学習者自身について考えさせる問いがなければ「意味」を生まないというのです。良質の「問い」かけ, 適切なタイミングでの「問い」かけを習慣化することで, 学習者は考えるようになります。トップレベルにあるフィンランドの教育の成果は, Why? や What do you think? という問いかけを常に行っていることによる「考える学習者の育成」もその要因の 1 つだと言われています。そして, そのように考える学習者を育成するには, 教師は待って耐えなければならないのです。コミュニケーションを意図した授業で, 生徒が発言につまり, 無言になることがあります。一人で教壇に立つ教師は, 静かになった空間に耐えるのはなかなか大変なことです。つい焦って先に進めようとしたり, 別の生徒を指名し直したり, せっかく英語を通して考えさせているのに, 生徒が理解しているのか不安になり, 我慢しきれずに日本語で説明し直したりしてしまっては, 英語を通して考える学習者は育ちません。問いを言い換えたり, 具体例を挙げたりしながら, 生徒が考える間を, 教師は我慢して待つことが必要です。そして, 生徒とともにやり取りを楽しむ教師の姿勢が, コミュニケーションの雰囲気づくりに大切なのです。

また, どのような習熟度の学習者に対し, どのような発問をするとよいのかを検証した Maeda (2017) によると, 学習者にとって易しめの英文で事実発問を過度に行うと, 理解度が低下したという報告があります。学習者の習熟度とテクストの難易度も考慮に入れる必要がありそうです。

③　練習 (Practice)

練習 (P) は,「運用能力を高める練習」(村野井, 2006, p. 21) と定義され, 文字から音声, 短期記憶から長期記憶へと結び付ける「内在化」や「統合」などの重要な第二言語認知プロセスを促進する活動です。この段階では, ターゲットとなる文法項目などの練習を行うことも考えられます。コミュニケーションを重視した授業であっても，**パタン・プラクティス**（pattern practice）など定着を図る練習は重要です。また，「会話文」，「説明文」，「紀行文」，「物語文」などと教科書の英文の特徴（文体）をつかませ，その形式（英文の構成）を真似る練習も考えられます。

また，一般的には内容がわかった英文を音読練習することがこの段階での主な活動です。音読をさせることで，「文字から音声，**短期記憶**（short-term memory）から**長期記憶**（long-term memory）へ変えていく」，「より流暢さを求めていく」という視点がとても大切なのです。

卯城（2011, p.117）は，音読が単なる声出しに終わらないよう，そして内容理解が伴わず，ただ目を動かしている**空読み**（eye mouth reading）を防ぐためにも，音読している部分を指でなぞらせることを提案しています。これは本当に新鮮で，そして重要なことだと思い，筆者はさっそく授業で使ってみましたが，生徒は以前よりもしっかりと確かめるように音読をしてくれるようになりました。**音読は目的に合わせ，かつ，様々なタイプを組み合わせて行う**ことが大切です。また，そもそも扱った英文が音読させるのにふさわしい文体，レベルなのかにも留意し，ただ声に出させるのではなく，発音やイントネーションをしっかりと指導することが大切です。例えるならば，英語の文字は，音符に該当します。しかし音楽は，音符に高さと音の長さも込められているように，英語の単語やフレーズにも高さと音の長さが大切なのです。そして作曲者や作詞者の思いを胸に感情を込めて歌うように，英語も「登場人物になりきって音読してみよう」，「気持ちを込めて音読してみよう」という教師の一言が，生徒の音読を意味あるものに変えるのです。音読の種類と目的は，次のようにまとめることができます。

表 9.3. 音読の種類と特徴，問題点

・**コーラス・リーディング**（chorus reading）
文字と音声を結び付けるために全員で声を合わせる音読。声に出すペースが全体に引っ張られ，「独特のイントネーション」となってしまう可能性がある（卯城, 2009, p.8）。
・**バス・リーディング**（buzz reading）
生徒が自分のペースで練習する。個別練習のため，終了させるタイミングが難しい。立たせて取り組ませ，終わった生徒から座らせるのも1つの方法だが，最後の方に残った生徒は慌ててしまう。

・**シャドーイング** (shadowing)
自然な音声を身に付けるための練習でもある。モデル音声から少し遅れて発音させるが，クラス全体で行うと，声がそろってしまいやりづらいこともある。

・**リード・アンド・ルックアップ** (read & look up)
1回目（あるいは2回目も）は教師に続けて本文（文字）を見ながら発音し，2回目（あるいは3回目）で教師の "face up" という掛け声を合図に，何も見ずに顔を上げて音読する。記憶に刺激を与えることができるが，記憶に負荷をかけ難易度が高いので，意味理解が適切に終わっており，ほかの方法で十分に音読練習を済ませる必要がある。

・**スター・ウォーズ・リーディング** (time race reading)
映画『スター・ウォーズ』のエンドロールが，画面下から上に流れていくように，スクリーンに英文を下から上に流れるように提示して，画面から消える前に音読させる。プレゼンテーションソフトを使った，音読のスピードを上げるための練習。しかし，意味理解やほかの方法での音読練習が十分に終わっていないのに音読の速度だけを求めると，速く読もうとして，フラットで早口の音読，いわゆる「お経読み」を助長することになってしまうので，十分に注意する必要がある。**脱落** (elision)，**連結** (liaison)，**同化** (assimilation) などの「音の変化」をしっかりと指導して，その結果として，音読が速くできるようにさせたい。

④　産出 (Production)

産出（P）は，「意味ある題材内容について考えたことや学習した事柄を応用して表現したりすること」(村野井, 2006, p.22) が主な活動です。読みをライティングなど，ほかの運用スキルと統合させることであり，そうすることで読みの活動自体が活性化されます（門田他，2010)。読んだことについて感想を書いたり，要約をしたりする活動が考えられます。

以上考察してきたこれら PCPP メソッドのプロセスを考えると，村野井が指摘している④産出（P）における**「読みをライティングなどのほかの運用スキルと統合させる」ため**に，ディクトグロスを活用することができるでしょう。③練習（P）の段階で音読練習をしっかりとさせ，それをディクトグロスにつなげる意味もあります。また，和泉（2009, pp. 153–154）によると，ディクトグロスの応用として，リーディング教材で行う**テクスト再生タスク**（text reconstruction task）（Izumi, 2002）や，英語で読み書きした内容をガイドラインに従ってまとめる**誘導要約法**（guided summarizing）（村野井，2006）などもあると言います。これらも含めて，④産出（P）の場面で，それまでに既習のことと統合させることを目的として，ディクトグロスを活用するとよいでしょう。次に，ディクトグロスを中心に据えたPCPPメソッド学習指導案を掲載します。学習指導案は，料理でいうところの「レシピ」です。これを基にしながら，自分流にアレンジしていただけたらと思います。

参考資料：ディクトグロスを中心に据えたPCPPメソッド学習指導案

	時間	学習内容（技能）	生徒の活動	教師の指導・留意点	評価規準【観点】（方法）
P	4分	オーラル・イントロダクション（L & S）	本時の内容について，教師の英語を聞いて，自分の考えを持ったり，それを発言したりする。	生徒の背景知識を活性化させる。教師による一方的な英語使用にならないよう，生徒の反応を見ながらインタラクションする。	
	1分	本時のねらいの確認	本時のねらいを確認する。	本時を通して「何ができるようになる」のかを確認させる。	

C	20分	リーディング（R/S）	(a) 黙読する。 (b) 教科書を閉じて，内容についてペアで話す。 (c) 教師がQを与えて，もう一度黙読する。 (d) Q&Aを通して内容理解を深める。	筆者とコミュニケーションさせるため，まずはQ&Aなしで黙読させる。様々な手法を用いて，生徒が何回も繰り返し本文を読む仕掛けを作る。Q&Aも事実の確認だけでなく推論を促す発問も入れる。	
P	5分	音読練習	内容を考えながら文字と音声を結び付ける。	生徒各個人がしっかりと意味を考えて音読できるようにする。	
P	20分	ディクトグロス（L & R & W）	手順に従い，仲間と協力して，英文を復元する。	机間指導を適宜して，話し合いが活発になるよう支援する。	読んだことを言語使用に留意しながら復元することができる。【表現の能力】（ハンドアウト）

参考資料：使える表現 in PCPP

<Presentation>

■まだざわついていて，教科書が机上に用意されていないとき

Are you ready to start?

Let’s get started.

Do you have your textbook?

■宿題を集めるとき

Pass your homework to the front.

■机を合わせ，ペアやグループ学習をさせるとき

Move your desks and make pairs.

■ 4 人グループを作らせるとき
Make groups of four.
■ 教科書を開かせるとき
Open your textbook to page 20.
■ 教師がオーラル・イントロダクションを始めるとき
Now, listen to me carefully.
■ ハンドアウトを配布するとき
Take one and pass them on, please.

<Comprehension>

■ 答え合わせをするとき
Let's go over the answers.
■ 筆箱からペンを出させるとき
Take a pen out of your pencil case.
■ 答えを訂正させるとき
Correct your answers.
■ 隣同士で交換して答え合わせをさせるとき
Switch to your partner and check your friend's answers.
■ 隣同士で話し合いをさせるとき
Talk to your partner.
■ 赤ペンで重要な部分に印を付けさせるとき
Mark the important parts with a red pen.

<Practice>

■ 大きな声で音読させるとき
Please read it louder.
■ 教師のあとに続けて練習させるとき
Repeat after me. / After me. / Let's say together.
■ 個人で読む練習をさせたいとき
Read this story aloud / silently by yourself.
■ できるだけ速く読ませるとき
Read this story as fast as possible.
■ 終わったか確認するとき
Are you finished?

<Production>

■机をきれいにさせるとき
Clean up your desks.

■提出物に名前を書かせたいとき
Remember to write your name on your homework.

<Phrases in fashion>

■生徒の発言などを褒めたいとき
I'm greatly impressed.
You did a good job.
That's it!
Give him/her a big hand.

■生徒の発言に同調するとき
It's natural for you to think so.
I understand you.
I know what you mean.

■コミュニケーションで生徒が発言につまったとき
Take your time.
Take it easy.

■授業を終わるとき
Did you enjoy today's class?
That's all for today.
See you next time.

10.　ディクトグロスは学習者のどのような力を伸ばすのか

英語の能力全体をぼんやりと指して「英語が上手」ということがよくあります。しかし，その「英語力」を分解してみると，様々な構成要素があることがわかります。まず言語形式面（**言語（文法）能力**：linguistic competence）では，語彙力（どれくらいの語彙を知っているかという広さ＝数・どのくらいその語彙について意味を知っているかという深さ＝質），音声学的な能力（聞き手に受容可能な発音ができるか，聞き手として音声から意味が理解できるか），語句同士を結び付けてフレーズや文にする統語力などが考えられます。

また，文と文あるいは段落と段落を適切に構成する能力（**談話能力**：discourse competence），表現したい内容を適切に表現する機能・概念を持った文法や表現を用いる能力，場面や相手にふさわしいことば遣いをする能力（**社会言語的能力**：sociolinguistic competence），適切な言語使用ができなかったときにジェスチャーや別の表現で代用するなど対処する能力（**方略的能力**：strategic competence），聞いたり話したりのバランスや適切に質問したり，相手に返すなどのコミュニケーション能力，相手と駆け引きをうまく行う交渉能力，ある事柄を根拠として推論する能力，など多岐にわたります。ことばは「聞くこと・読むこと・話すこと・書くこと」の4技能がありますから，それぞれに上に書いたことが当てはまると考えれば，「英語が上手」というのは，とても複雑な能力の総合体のことを言っていることがわかります。

山田（2006）は，著書『英語力とは何か』で，**英語力の定義として，共通基底能力（common underlying proficiency），基底能力と外部形式を結び付ける変換能力（＝出入力チャンネル），英語形式の運用能力の3要素**を挙げています（p. 39）。共通基底能力とは「日常的な言語活動を支える知識や経験の総体」を指します。例えば，言語に関係なく，掛け算の九九ができるといったことです。出入力チャンネルとは，日本語の出入力・英語の出入力があり，共通基底能力をうまく機能させるため，外部言語形式につながるものと考えられています。つまり，3×3＝9という算数の概念を，日本語では「三かける三は九」と，英語では three times three equals nine. とそれぞれ表現するための回路です。そして，外部形式とは直接観察できるいわゆる4技能としての言語活動を指します。共通基底能力という装置とやり取りを行う出入力チャンネルの考え方はL1とL2を使い分ける方法でしょう。一方で，最近の英語教育は4技能指導から五つの領域指導に変わり「即興でのやり取り」が強化されたことからもわかるとおり，L2（外部言語形式：英語）→ 共通基底能力 → L2（外部言語形式：英語）という直読直解や即興のやり取り，つまりL2 → L2のダイレクトに近い方法で訓練されようとしています。例えば音読もダイレクトな言語処理を目指す言語訓練の一環であり，音読を取り入れる教師も多くなってきています。

さて，それでは**ディクトグロスに必要な言語能力とは，いったいどのよう**

な力なのでしょうか。先に挙げた様々な複合的な能力が必要なのですが，目に見えることとして，メモを適切に取る能力，メモから元の英文を復元する能力が必要となってきます。第2章では，「協力者がディクトグロスによってどのような力が付いたか」「どのような英語力を持った生徒がディクトグロスをうまく行えたか」ということを検証しています。詳しくは第2章をご参照いただきたいと思いますが，まずディクトグロスは音声のインプットから始まり，概要をつかんで，メモを取るので，リスニングにおける**トップダウン処理**の力が必要です。そして，そのメモから元の英文を復元するときに，語彙力，統語力，文法力を活用して元の英文を復元させ，必要な情報に絞ってもう一度英語を聞くという**ボトムアップ処理**の能力が必要となってきます。この**トップダウン処理とボトムアップ処理を使い分けて上手に処理していくのがディクトグロスで大切な能力**です。この使い分けを活かしたリスニングの方法を**相互作用的リスニング**（interactive listening）と言います。この使い分けが，受信能力として共通点のある**リスニング能力やリーディング能力の向上につながる**ものと考えられるのです。第2章検証4の結果では，ディクトグロスの出来と密接な関係にあったのは，学習者の**リスニング能力とリーディング能力であった**という報告もされています（Maeda, 2018）。Prince（2013）は，「この top-down process と bottom-up process を使い分けは，**自然なインプット**（authentic input）を聞くときに起きている」ことだと述べており，ディクトグロスは，自然なインプットを聞くときのための実践的な学習方法だとあらためて言えるのです。相互作用的リスニングを成功させるには，**背景的知識**（background knowledge）や**スキーマ**（schema）が必要になり，リスニングストラテジーの養成につながります（望月他, 2018, p. 128）。また，相互作用的リスニングのねらいとして，「直接言われていないことを推測したり，推論で導き出したりする」ことがあります（望月他, 2018, p. 128）。望月他によれば，学習指導要領の「話し手の意向などを理解できるようにする」という側面とも関連します。この「推測」や「推論」とディクトグロスとの関連については，本章第11節の「状況モデルの構築」でも触れますが，**推論生成**（inference generation）について，ここでは**橋渡し推論**（bridging inference）と**精緻化推論**（elaborative inference）に触れます。橋渡し推論とは，その名が示すとおり，「橋」の両端のように [A] と [C] という2つの情報の間にある，明示的には示されていない途中のプ

ロセス [B] を推測することで，**テクストの一貫性**（coherence）を理解するために行われます。例えば，図 10.1 に示すように，情報として明示された [A] I dropped my smartphone.（私はスマートフォンを落としてしまった）と [C] I must buy a new one.（新しいのを買わないといけない）ということから，その間にあり明示されていない [B] The smartphone was broken.（その落としたスマートフォンは壊れた）という推論です。

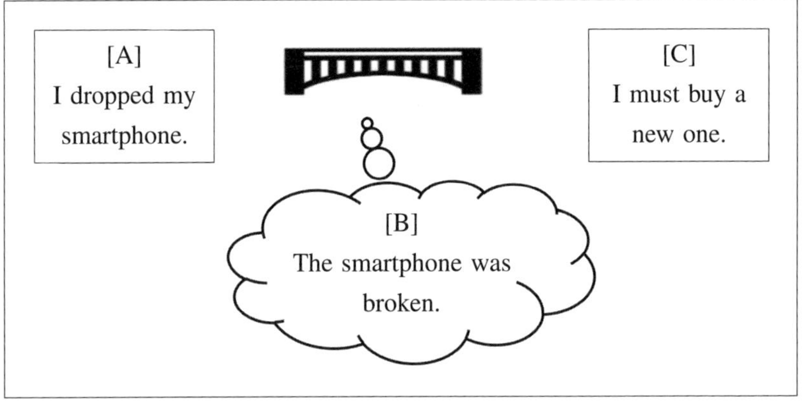

図 10.1.　橋渡し推論のイメージ例

一方，精緻化推論は，テクストの情報と読み手の持っている活性化された背景知識が結び付き，より豊かな理解につながるものです。図 10.2 が示すとおり，A woman has some heavy shopping bags.（女性が重い買い物袋を持っている）という場面があったとします。学習者は，この女性はたくさんのものを買ったのだろう，安売りだったのだろうか，そんなにたくさんの買い物をするくらいなら家はこの近所なのだろう，恐らく大家族なのだろうなどと，推測することです。より豊かな理解にするという意味合いが強く，テクスト理解に不可欠な推論ではないと言われています（卯城，2009，p.77）。選択式の**客観テスト**（objective test）で，yes/no/not given タイプの問いに答える際，この精緻化推論によって想像が飛躍しすぎた結果，not given（本文に該当する記述がない）を選ぶべきところを選び損ねた経験が，みなさんにもあるのではないでしょうか。精緻化推論は理解を豊かにすると前述しましたが，このように場合によっては，理解の妨げになってしまうこともあります。

She bought a lot of things.
Some products were selling at a bargain price.
She lives near here.
Her family is very big.
No one in her family can help her.
She must be tired.

図 10.2.　精緻化推論の例

話をインタラクティブ処理に戻します。小笠原（2001）は，リスニング活動中のトップダウン処理とボトムアップ処理について，次のように述べています。

> リスニングの活動においては，意味や内容，つまり meaning に集中して聞いている場合は，top-down 的な処理が行われており，一方，語や形式，つまり form に集中して聞いている場合は，bottom-up 的な処理が行われていると考えられる（pp. 78–79）

また，Prince（2013）はディクトグロスのインタラクティブ処理について次のように述べています。

> ディクトグロスは，メモをする語が限られており，どの語をメモするかを内容的に考え，意味を追う活動であり，トップダウンの能力が必要となってくる。そして，復元の過程では形式に集中させるので，ボトムアップ的な処理が必要となってくる。これは authentic なインプットをリスニングするときに必要とされるトップダウン処理とボトムアップ的な処理を効果的に使い分けるインタラクティブな処理を，ディクトグロスは求めているのである。（p. 48，筆者による訳のうえ要約）

そして，小笠原（2001）は，伊藤（1984）を引用し，Answering Questions はトップダウン的な処理を求める活動であるのに対し，ディクテーションはボトムアップ的な処理を求める活動であると述べています (p. 80)。これらすべての見解から言えるのは，**ディクトグロスがインタラクティブ処理を必要とする**ことを裏付けているということです。

さらに興味深いのは，Bacon (1992) です。Bacon は，馴染みのある教材は，トップダウン的な処理が用いられ，馴染みが薄く難しい教材ではボトムアップ処理が用いられることを報告しています。つまり，いくらインタラクティブ処理を促すディクトグロス活動であっても，学習者にとって馴染みがなく，難しすぎる英文だとボトムアップ処理に偏ったり，あるいは難易度が低すぎる英文だとトップダウン的な処理に偏ってしまったりする可能性を示唆しています。つまり，**学習者の発達段階に合わせた，適切な教材の選定**が，ディクトグロスの成功の鍵となるでしょう。適切な教材の選定の条件として，内容的にある程度既習であること，つまり理解可能なインプット (comprehensible input) が大切です。そして，多少知らない単語や文法などが含まれ，学習者の現在の言語能力よりも少しだけ上のレベルのインプット (**i+1**) が必要だと言われています (Krashen, 1982)。教室でディクトグロスを実践する場合，検定教科書の既習ユニットの復習として，言い換えが適宜あり，本文が適度に要約された**サマリー** (summary) を用いるとよいでしょう。

Krashen (1985) は，この理解可能な i+1 レベルのインプットを大量に学習者へ与えることが必要であるという**インプット仮説** (Input Hypothesis) を主張しました。しかし，Krashen の主張は，アウトプットは習得に直接必要ではない，とされています。しかしながら，特に日本のような EFL の環境では，アウトプットの機会も少なければ，Krashen の主張する大量のインプットからも程遠いのが現状です。

望月他 (2018, p. 131) は，リスニングの指導では，いわゆる「聞かせ放し」の聞き取りテストにならないようにすることの重要性を述べています。また，Sheerin (1987) は，リスニングはしばしば測定されることはあるが，教えられることはなかなかない，と現場の実状を鋭く指摘しています。筆者はこのことをよく，ダイエットと体重計の関係に例えます。痩せたいと思って何回，何十回と体重計で測っても，直接的に体重が痩せるわけではありません。同じく，リスニング能力を伸ばしたいからと言って，何回，何十回とリスニングテストをしても，形式や答え方には慣れるという効果はあるでしょうが，実質的なリスニング力の向上には結び付きにくいでしょう。このように，リスニング指導となると，教師はオーディオ機器の操作係であり，リスニングのストラテジー指導が十分に行われていない（前田，2008, p. 150）のではないかと懸念されます。望月他によると，リスニングには「理解（comprehension）のためのリスニング」と「習得（acquisition）のためのリスニング」の2つがある（p. 130）とされ，前者はいわゆる伝統的な内容確認のためのテスト的リスニングと言えます。しかし，理解可能なインプットを与えるだけでは，リスニングにおける言語習得は進まず，意味の理解と並行して，言語形式に対する意識の活性化を図る必要があり，これが後者の**「習得（acquisition）のためのリスニング」であり，ディクトグロスが担っている要素**なのです。リスニングの指導が，音声を流し，答え合わせをして，スクリプトを使って日本語による解説のみに終始している場合，このディクトグロスの導入によって，**インタラクティブ処理を促し，リスニングで必要な処理プロセスの効果的な練習方法**に変えることができると考えられます。そしてそれが，技能の統合的な力の育成，つまり**リスニング力とともにリーディング力の養成にもつなげられる**のです。

11.　ディクトグロスと状況モデルの構築

インタラクティブ処理を必要とするという点においても，**ディクトグロスはリスニング力とリーディング力との相関が高い**と前節で触れました。ここでは，中山（2012）を引用しながら，ディクトグロスと状況モデルについて述べていきます。リスニングとリーディングは，音声と文字との違いはあっても，情報を受信する，つまり他者のことばを理解するということは共通しています。つまり，聴覚的情報や視覚的情報の処理過程は，音声として情報が次々に消えていく聴覚的情報と，読み止まったり，読み返したりができる視覚的情報とでは大きく異なります。しかしここでは，その違いではなく，共通点に焦点を当ててみます。

「ことばを理解する」とはどのようなことを意味するのでしょうか。ことばの理解において**状況モデル**（situation model）という理論があります。筆者は中学校の保健体育の授業で，その先生が自転車の事故について語ったとき，実際にその生々しい場面を想像して気が遠くなったことがあります。つまり，ことばを通してその場面や状況のイメージが，心の中に生成されたのです。ことばが耳や目を通して聴覚的情報や視覚的情報として入力され，処理されると，内容の記憶表象が構築されます。聴覚的情報にしても，視覚的情報にしても，情報の処理は目に見えない心の中で行われますから，心の中の情報の表現ということで，この記憶表象のことを**心的表象**（mental representation）と呼びます。Kintsch (2004, p.1271) は，心的表象を「心の中に（読んだものの）痕跡が残る」と表現し，インプットによって心の中で変化が起きることだと言います（望月他，2018，p.150）。英語学習者の最終目標の1つは，英語を聞いたり読んだりして，豊かな心的表象を描くことだと考えられます。悲しい話に涙を流して，そしてまた幸せな話には笑顔で聞いたり読んだりできる学習者の育成が求められます。

また，「心の中に痕跡が残る」ということは，記憶と深い関わりがあります。森・中條（2005）は記憶について，**感覚記憶**，**短期記憶**，**長期記憶**の3つに分類しています。感覚記憶は文字通り，感覚的なことばの受け取りであって，言語情報を別の形の意味理解に変換はしないとされています。つまり，意味の処理が起きるのではなく，注意が向けられるという働きが感覚記憶なのです。その記憶保持時間は，聴覚的情報は約5秒以内，視覚的情報は約1秒以内とされています。そして注意が向けられた情報，つまり感覚記憶は短期記憶に送られます。本章第4節でワーキングメモリ（WM）に触れましたが，約15～30秒以内が限界とされるこの過程で，心内で操作可能，つまり情報を処理するのです。同じく本章第4節でマンブリングについても触れましたが，情報の保持を強化するため，心内で復唱する必要があるのです。読み返しが可能な視覚的情報にあっても，難解な文章や自己の作成した文章の推敲にあっては，心内で復唱しながら，短期記憶の過程を通っていることがわかるでしょう。この短期記憶で処理された情報が，既知の情報との統合や経験との結合によって，長期記憶へとなっていくのです。

短期記憶，長期記憶の形成の過程では，いくつかの心的表象が構築されます（Kintsch, Welsch, Schmalhofer, & Zimny, 1990）。文章理解の過程として，van Dijk & Kintch (1983) の**逐語的表象**（verbatim），**命題的テキストベース**（propositional textbase），**状況モデル**（situation model）の3つの表象を見ていきます。最初の段階である逐語的表象は，語彙や文法レベルで理解できることと考えられます。次の命題的テキストベースは，命題（S+V）

レベル，つまり文レベルで理解できることと考えられます。そして状況モデルになると，推論したり，背景知識や自己の経験と重ね合わせたりして場面状況が描けることができると考えられます。教室で英語を教えられている先生方ならおわかりだと思いますが，この逐語的表象や命題的テキストベースを処理させるのに，大半の時間がかかってしまっているのが現状です。単語帳や辞書，文法参考書を用いながら，何とか語彙や文単位の理解を指導していたら，もう定期試験の時期に追われ，教科書のユニットを急ぎ足で終えねばならなくなったというご経験があるのではないでしょうか。しかし，最終目的である状況モデルの構築を達成しないと，長期記憶の形成には至らない可能性が示唆されています。

Kintsch et al. (1990) は，この3段階の表象が記憶の観点から，分離できることを明らかにしています。中山 (2012) は，これらの研究結果より，逐語的表象や命題的テキストベースの過程における記憶生成のみでは，文章理解を説明できず，文章理解に到達するには，示された言語情報が，聞き手（読み手）の既有知識と関連付けられ，その言語情報が示す状況について新たな表象，すなわち状況モデルを構築することが必要と述べています (p. 42)。先に，逐語的表象や命題的テキストベースの処理過程で，日本における英語の授業の大半が終わってしまっているのではないか，と指摘しましたが，状況モデルを構築するところまで進めるためには，どう授業を組み立てたらよいのでしょうか。ディクトグロスを用いた指導過程で，どのように状況モデルを構築させる指導が行えるのでしょうか。中山は，**既有知識（スキーマ）の活性化**，**先行オーガナイザー (advance organizer: 前もって足がかりとなるような情報を与えること)**，**図や映像の活用による支援**などを挙げています (pp. 41–45)。つまり，学習者の発達段階に合わせて，逐語的表象や命題的テキストベースのレベルでの処理に対する負担が軽くなるような「支援」が大切なのです。本書第 II 部のディクト用素材の中にも，理解の補助となる写真を一部付加しましたが，授業でのディクトグロス実践の際も，特に比較・分析のステップで，英文に関連する適切なイラストや写真，映像などの視聴覚情報（**グラフィック・オーガナイザー**：graphic organizer）を提示するとよいでしょう。また，第 II 部のディクト用素材の中には，ディクトグロス活動が終わったあとで取り組める復習のための問題が付加されていますが，その中に「あなたなら何と言いますか」という発問を入れてあります。本文に関連して「あなたなら何と言いますか」という発問のことを自己評価発問（self-evaluate question）と言います。筆者はこれを**自己関連発問**（self-related question）と呼んでいます。藤田・堀内（1998）は，自己関連処理をすることで，文章の内容に関する記憶は強化されると述べています（p.418）。本文の内容と自己の経験や既有知識を重ね合わせることで，状況モデルの構築に必要な心的表象を形成するものと考えられます。ディクトグロス活動後に，自己関連発問を用意し，学習者に考えさせるのもよいでしょう。

ディクトグロスも**再話**（retelling）の1つと言えますが，再話と状況モデルの構築，つまりテクストから得た情報と読み手の背景知識を統合することについて，卯城（2009）は次のように述べています。

> 「再話」では，そのテキストに目を通していない相手にもわかるように伝えるために，自分の頭の中で，英文内容を一度整理することになります。じつは，この過程がテキストから得た情報と読み手の背景知識を統合する読解プロセスと類似しているとも言えます（p.13）。

つまり，音声テクストから得た情報を，復元させていく過程で，「ここはこういうことを言っていたのだろう」と背景知識を統合するのであり，これが状況モデルの構築につながっていくものと考えられます。さらにディクトグロスは，音声テクストから得た情報をメモで取るというプロセスが寄与して，内容的な背景知識との統合に加えて，学習者が持つ文法的な背景知識との統合も促進すると考えられるのです。

本来の「再話」は読解後に，文章を見ないで「その話を読んでいない人」にもわかるように内容を語る活動です（卯城，2009，p.119）。ディクトグロスは，概要な要点のメモを基にして内容を再生します。新学習指導要領では，「話すこと（やり取り）」が五つの領域の指導として新しく加わりました。これは，これまでのスピーキング指導が即興に近いやり取りではなく，事前に書いた原稿の音読（prepared speech）に終始しがちであったことへの改善を図っています。しかし，何も元手がないところで，生徒にいきなり「即興でやり取りをしなさい」というのは難易度が高いものです。したがって，新学習指導要領でも「簡単なメモやアウトラインを基に」即興でやり取りすることが触れられています（p.69）。これについて，ディクトグロスのメモを基に英文を復元することが，その良い練習となるでしょう。

12. ディクトグロスからコミュニカティブ・ディクトグロスへ

ディクトグロスの特徴の 1 つに，「内容のある」英文を素材として扱うことを挙げてきました。**学習者は，内容のあるものでないと，学習意欲がわかない**ことは明確です。ひと昔前のパタン・プラクティスや文法訳読法では，意味のやり取りという面が薄くなり，形式から形式の学習，もっと大胆に言えば，言語記号の単なる復唱や，「読解」ではなく「解読」となってしまう可能性が否めませんでした。学習指導要領で「コミュニケーション」の重要性が継続的に強調され，「授業をコミュニケーションの場とする」（ために，英語で授業を行うことを基本とする）と謳われ，授業においてもその目的達成に向けてタスク活動が取り入れられるようになってきました。和泉（2009, p. 139）は，タスクと**エクササイズ**（exercise）の違いを指摘しています。「答えがひとつしかない」エクササイズとは違って，タスク活動は何通りものアイディアが出るのです。そして，**場面と目的を付加することでタスク化できる**と主張しています（pp. 89-95）。

また，Ellis（2003）は，「タスク」の定義には諸説あるが，次のように定義すると述べ，その一方で exercise や activity とは次のように区別する，と述べています。

> "Tasks" are activities that call for primarily meaning-focused language use. In contrast, "exercises" are activities that call for primarily form-focused language use. (p. 3)

つまり，言語形式に焦点を当てたエクセサイズとは異なり，タスクは意味に焦点を当てた言語使用が求められるのです。しかし，"learners are adroit at redefining activities to suit their own purposes." とも述べています（p. 5）。つまり，「タスク設計者が内容重視で作ったタスクを形式重視と目的を変える学習者もいるであろう」ということです。タスクの作成のねらいが，学習者に伝わらないケースについて触れています。ディクトグロスは，活動中，そして活動後の指導手順とねらいが詳細に規定されています。つまり，Ellis の指摘する「タスクの作成のねらいが，学習者に伝わらない」ことを避けるため，明確なプロセスの規定がなされているのです。

ディクトグロスに使われる素材は，内容のある英文ですから，「場面」も入っていることが前提なのですが，より「場面」を明確化し，何を伝えようとする英文なのかという「目的」を明確にしたディクトグロスの必要性を筆者は感じていました。そこで，言語の 3 要素である，言語形式（HOW），意味内容（WHAT），言語機能（WHEN/FOR WHAT PURPOSE）を明示し，学習者が，3 要素の結び付きに自ら気づくことをねらいとした**コミュニカティブ・ディクトグロス**（communicative dictogloss）用の英文を開発しました。本書第 II 部にそれらの英文が載っています。コミュニカティブ・ディクトグロス用の英文には，次のような「場面」と「目的」が設定されています。そしてそれぞれには，**その場面で使われる言語が持つ概念（notion）や機能（function）が明確に設定**されています。

「映画の待ち合わせなどを提案する」proposing
「電話で伝言を依頼する」request
「かなわない願望を表現する」expressing wishes
「ラジオの懸賞に応募する目的」telling the purpose
「生徒会で提案する」proposing
「外食（夕食）のアレンジを依頼する」request
「工場見学で工程を表す」process description
「テレビの料理番組で手順を表す」process description
「グループ討議で因果関係を示す」cause and effect
「授業で課題が与えられる」giving duties
「歴史の授業で因果関係を学ぶ」giving reasons
「観光地の情報を示す」giving explanations

ご覧のように，「場面」があるということは，その場面で使われるふさわしい言語があるということです。つまり，特定の「場面」には，特定の「機能」を持った言語が使われることが多いのです。例えば，「伝言を頼まれた（Telephone message）」という場面であれば，「依頼（request）」という働きを持つことばが多く使われます。ことばの働きを知る，つまり「どの場面」

で「どうするため」のことばで，「どう使われるのか」を知らずに，ことばが使えるわけがありません。

しかし，ただ表面上「このような働きがあることばです」と説明しただけでは，学習者は実感が湧かないでしょう。筆者の勤務先の大学で，ある時「ビジネスコミュニケーション」の研修がありました。「お互いを尊重する」ことの大切さについて学び，話し合いましたが，講師の先生から「では『尊重』とは何を具体的にすることなのか，話し合ってみましょう」というお題が出されました。グループ A は「しっかりと相手の話を聞くこと」，グループ B は「話を聞いて，しっかりとレスポンスをすること」，グループ C は「相手の価値観を受け止めること」という意見が出ました。どれも「お互いを尊重する」ことの「一般論」としては正解でしょう。しかし，同じゴールを持つ者同士，集団としての定義に幅があると，当然達成される出力の結果にも幅が出ることになります。つまり，抽象性のあることばを，具体性を持って実感させ，具象化することが大切なのです。例えば，「尊重しながら相手に依頼／伝達する」働きを持った表現を授業で扱うとき，「具体的に尊重するってどんなこと？」と生徒に尋ね，このように具体性を持たせていきます。

生徒：「相手の価値観を受け止めること」
教師：「その価値観ってどうやって受け止める？」
生徒：「相手の様子や行動を見て」
教師：「相手のどんな様子や行動？」
生徒：「話すときのしぐさや表情」

このやり取りのように，具体性が実感を持って共有できれば，例えば I wonder/was wondering if や I'm afraid を文頭に用いて，相手の気持ちを尊重し，直接的な言い方を避けソフトなニュアンスで依頼したい／伝えたいなど，どのようなときに使う言葉なのかを具体化できる学習者を育成できるでしょう。ことばを学ぶにあたって，場面を取り扱う重要性について，高等学校学習指導要領では次のように述べられています。

> 特に今後のグローバルな情報網の広がりにより，情報収集の方法は一層多様になることが考えられる。本，新聞，雑誌などを読むことはも

> ちろんだが，動画やSNS，インターネットによるラジオなどの情報通信ネットワークを活用した情報のやり取りや情報検索の機会は今後も一層増えることが予想されることから，指導に当たりそれらの場面を取り扱っていく必要がある。(p.55)

特に，**買物・食事・旅行・電話での応対・手紙や電子メールのやり取り**などが，特有の表現がよく使われる場面として挙げられており（p.55），コミュニカティブ・ディクトグロスでも扱われている場面です。

フォーカス・オン・フォームの考え方を実現するディクトグロスを通して，学習者に言語の3要素の結び付きを自ら気づかせるのがねらいです。フォーカス・オン・フォーム導入の課題である，「いかに意味内容が豊かな英語教育を実現していけるか」(和泉，2009, pp.163-164) という点を解決するべく，言語の3要素である言語形式（HOW)，意味内容（WHAT)，言語機能（WHEN/FOR WHAT PURPOSE）が明確に含有された，コミュニカティブ・ディクトグロスの普及と活用が期待されます。

参考資料：言語機能 (function)

(1) 気持ちを伝える

感謝する <appreciate> Thank you./I'm really grateful to …
苦情を言う <complain> I want to complain about …
謝罪する <apologize> I'm sorry.
Please accept my apologies for …
非難や後悔を述べる <blame & regret> 助動詞＋ have ＋過去分詞

(2) 情報を伝える

紹介する <introduce> I'd like to introduce …
説明する <explain> I'll tell you about …
報告する <report> He/She says that …

(3) 考えや意図を伝える

自分の考えを伝える I will …/I don't think …/I hope …
申し出る Can I …?/I'd like to …
相手の意向を尋ねる Shall I …?/Shall we …?
許可を求める Can I …?/May I …?/Would you mind my …ing?

断る <reject>　I'm afraid I can't do it. / I can't accept it.

提案する <propose>　How about …? / Why don't we …?

(4)　相手の行動を促す

質問する <ask a question >　May I ask you something?
There's something I'd like to ask.

依頼する <request>　Could you …?

招待する <invite>　How would you like to come?

禁止する　<prohibit>　You must not … / It is not allowed to …

命令する　<order>　You are to …

許可を与える <permit>　You can … / can't …
You may … / may not …

勧誘する <invite>　Let's … / Do you want to … with me?

注意を引く <attract attention>　May I have your attention, please?

（村野井, 2006, pp. 184–185 を参考に筆者作成）

1. Take notes

Yosemite National Park UNESCO 1984 heritage
best 1 all over the world
site nearly 1,200 スクエア mile
main symbol ロードアイランド island
half ドーム 2700 m high
hiking back pack ski icon fantastic natural beauty one of the beautiful on earth

2. Reconstruct the story

~~We~~ Welcome to Yosemite National Park
This park was registered as a UNESCO world heritage site in 1984.
which means Yosemite National Park is one of the best-known parks all over the world.
The size of the park is nearly 1,200 square miles, ~~that~~ which is the same as ~~that of~~ the State of ~~Rhode~~ Island. The main symbol is the Half Dome ~~which~~ that is located in 2,700 meters high. You can enjoy hiking, backpacking, or skiing, ~~with the~~ in an icon of America's fantastic natural beauty, ~~and~~ or one of the most beautiful places on earth.

3. What did you notice on today's activity?

メモの取り方に個人差があるなと思いました。
私は省略すると自分でも分からなくなるし、とっさに省略もできなかったため早書きでした。
グループワークがあったため楽しく活動できました。
a や ～s の個数に関するものの聞き取りが甘かったと感じました。

図 12.1.　学習者によるディクトグロスワークシート実践例

第2章　ディクトグロスの期待される効果

この章では，ディクトグロスの効果に関する4つの先行研究を見ていきます。ディクトグロスに関する研究は，まだまだ少ないのが現状です。特に，日本国内の論文数は現時点で少なく，かつ「ディクトグロスを実践して効果がありました」という，ディクトグロス全体を指してその効果検証を行ったものが多いのです。「ディクトグロスによって○○の力は伸びたけど，△△の力は伸びなかった」というように，日本人英語学習者の学習に寄与するような，詳細なケーススタディが待たれます。また，中学生，高校生，大学生など，学習者の発達段階によって効果がどのように変化するのか，などの研究も待たれるところです。

国内におけるディクトグロス研究

【検証 1】

検証テーマ	日本人英語学習者に，ディクトグロスはどのような効果があるのか
検証時期	2007年7月～同年12月
協力者	国内，公立高校1年生
参加人数	80名（男子43名，女子37名）
マテリアル	日本英語検定協会 Step Up Listening
研究仮説	(1)　ディクテーションのような書き取りの訓練をしているクラスの方がメモを取る能力に優れているのではないか。

	(2) リスニング中にメモを取れるか否かで得点に差が出るのではないか。それによってメモを取ることの重要性が明確になるのではないか。 (3) ディクトグロスは，学習者の英語力向上に効果があるのではないか。
検証方法	実験群と統制群による比較対照法
研究の概要	大学入試センター試験をはじめ，多くの入学試験にリスニングテストが導入されるようになり，その指導法の確立が急務となっています。しかし，その指導法となると，オーディオ機器のボタンを押して「問いに答えなさい」という指示だけで済ませてしまい，学習者のリスニング力を伸ばすための積極的かつ継続的な指導は，不十分と言わざるを得ません。そこで本研究では，聞こえてくる英語の概要をつかみ，要点について上手にメモを取り，話の全体像を復元し，元のテクストと比較するディクトグロスという手法を用い，(1) リスニング能力の向上にどのような効果をもたらすかを確かめます。また，ディクトグロスという指導をすることで **ノート・テイキング**（note-taking）能力の向上が図られ，さらに，文法に気を付けながら仲間同士で英文を復元するプロセスを経ることで，(2) 文法能力やライティング能力が向上するかを確かめます。
結果の概要	ディクテーション指導を行っているクラスの生徒は，英語でメモを多く取ることができ，それがリスニング問題の正解に多く結び付いていました。一方，ディクテーションを行っていないクラスの生徒は，日本語のメモの割合が多く，それが正解に結び付いているとは言えない結果でした。また，テスト後に行ったアンケート調査では，メモを取ることを許可しなかった実験群の生徒 80 名のうち 26 名（32.5%）がメモを取りたかった，あるいはメモを取ってもよければもっと点数が上がったと考えていることがわかりました。このことから，生徒にしっかりとメモを取らせる指導をし，そのメモからリスニング能力の向上へと結び付ける指導が必要と言えます。また，ディクトグロスの効果に関しては，学習者の，特にリスニング能力の向上に役に立つことがわかりました。また，ライティング能力の向上については，局所的誤りを少なくする効果があることがわかりました。

論文の出典	『STEP Bulletin』20巻, 149-165, 2008 https://www.eiken.or.jp/center_for_research/pdf/bulletin/vol20/vol_20_p149-p165.pdf

〈研究の方法と目的〉

協力者は，公立高等学校1年生2クラス80名（男子43名，女子37名）の生徒です。検証では，**事前テスト**（pre-test）・**事後テスト**（post-test）の両方を受験した者を対象としたので，能力伸長度測定テストからの結果分析は79名を対象としています。生徒によって英語に対する得手，不得手はあるものの学習状況は良好で，大学・短大への進学希望はほぼ100％のいわゆる進学校です。今回のリスニング練習においても積極的に行ってくれました。全員が日本語の母語話者で，海外への長期滞在経験（3か月以上）はありません。F検定により同質と判断されたその2クラスをClass A（**実験群**：experimental group），Class B（**統制群**：control group）とし，表1.1に示す研究手順に従って，Class Aではディクトグロスの指導をし，6か月が経過したところでメモを取らせながら能力伸長度測定テスト（事後テスト）を行いました。Class Bはディクトグロスを行わず，同様の練習問題と能力伸長度測定テスト（事後テスト）を行い，その伸長度を測定しました。

表1.1.　研究の手順

この研究では（1）ディクトグロスがリスニング能力にどのような効果があるか，（2）波及効果として文法能力やライティング能力にも効果があるかを調べることを目的として，次の2点の仮説を立てました。

（1）　Class Aでは，事前テストと事後テストの間に統計上有意な差が生じる。つまり得点の伸長度が高く，平均点に有意差がある。

（2）　リスニング能力の伸長のみならず，文法能力やライティング能力の向上にも効果がある。

〈指導の手順〉

今回の指導で検証のために用いた**実験材料**（material）は Step Up Listening（日本英語検定協会）です。この問題集は，リスニング 1 回分が No. 1 から No. 10 までの 10 問あります。問題の難易度は，英検準 2 級レベルの Step 3 を採用しました。表 1.2 に示すとおり，20 回分のディクトグロス指導を，Class A は 2 つの時期に分けて，以下のように指導しました。一方，Class B は指導期間を通して，「英語を聞いて問いに答えなさい」という指示だけを与え，終わったらスクリプトを見て答え合わせをするという指導をしました。

表 1.2.　指導の手順

【Class A】

I 期（2007 年 7 月～ 9 月）	II 期（2007 年 10 月～ 12 月）
① No. 1 はディクテーションを行う（3 分） ② No. 2 から No. 10 まではメモを取りながらリスニング ③ No. 10 についてグループでディクトグロスを行う（5 分） ④ No. 10 をもう一度聞く ⑤ さらにディクトグロスを続ける（3 分） ⑥ スクリプトを配布し復元した英文と比較する ⑦ No. 10 のスクリプトを書写する（3 分）	① No. 1 から No. 10 までメモを取りながらリスニングを行う ② No. 10 については，ペアまたはグループでディクトグロスを行う（5 分） ③ No. 10 をもう一度聞く ④ さらにディクトグロスを続ける（3 分） ⑤ スクリプトを配布し復元した英文と比較する（3 分）

【Class B】

指導期間中通して （2007 年 7 月～ 12 月）
① No. 1 から No. 10 まで何の指導もしないで問題を解かせる ② スクリプト配り，答え合わせをさせる ③ 解説を読んで，内容を確認させる ④ Class A と，費やした時間が均等になるようにする

（ディクトグロスの様子）

〈検証の結果〉

図 1.1 は 20 回にわたって行ったディクトグロス指導の経過結果です。スタート時点では Class A よりも平均得点が若干上回っていた Class B を，練習回数が増すにつれて Class A が平均得点で上回っているのがわかります。特に 10 回目以降を見ると，両クラスの平均点に大きな差がたびたび見られます。指導を始めて 10 回目と言えば，ディクトグロス練習の手順にも慣れ，複雑な文でも復元できるようになってきたころでした。また，表 1.3 のとおり，事前・事後テストの結果からもディクトグロスによるリスニング能力向上の効果があることが明らかにわかります。図 1.2 のとおり，Class A では平均点で 10.7 点の伸び（増加率 9.8%）が確認されました。この結果について有意水準 5% で繰り返しのある ***t* 検定**★（*t*-test）を行い検討した結果，$t\ (39) = -1.64$，$p < .05$ であり，Class A における事前テストと事後テストの平均点の伸び（平均の差）は**統計的に有意**★でした。一方，Class B における事前テストと事後テストの平均点の差は 1.3 点の伸びに留まりました。

★***t* 検定**（*t* - test）

2 つの平均を比較するときに用いる統計分析。異なる 2 つのグループが同じテストを受けて，その平均点の差を検証したり，ある 1 つのグループが事前テスト・事後テストのような 2 回のテストを受けて，その平均点の差を検証したりするときに，その平均点の差に統計的な意味がある，単なる誤差の範囲ではないことを証明するために用いる。

★ 統計的有意 (statistically significant)

2つの平均を比較したときに，その差が本当のものか，単に偶然によるのかを判断するときに用いる。「有意」とは，100回その数字を統計にかけたときに，95回の水準で同じ結果が得られるだろう，偶然ではない結果であるということを表す。通常は5%水準，あるいは1%水準が用いられる。この有意水準のことを**危険率** (critical rate) とも呼ぶ。

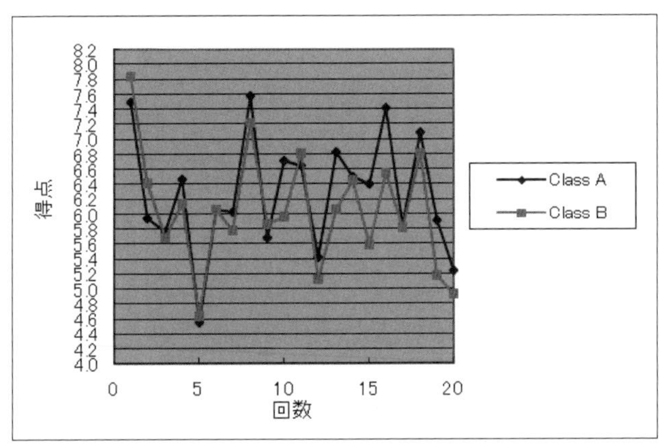

（注）Maximum＝10.0

図 1.1.　リスニングテストの結果 (n=79)

表 1.3.　事前・事後テストの平均点比較 (n=79)

	Class A		Class B	
	平均	標準偏差	平均	標準偏差
事前テスト	441.1	57.9	445.2	46.8
事後テスト	451.8	58.8	446.5	58.8
t (79)	$t = -1.64$ $p < .05$*		$t = -0.17$ $p = .43$ (ns)	

（注）* は有意差ありを示す

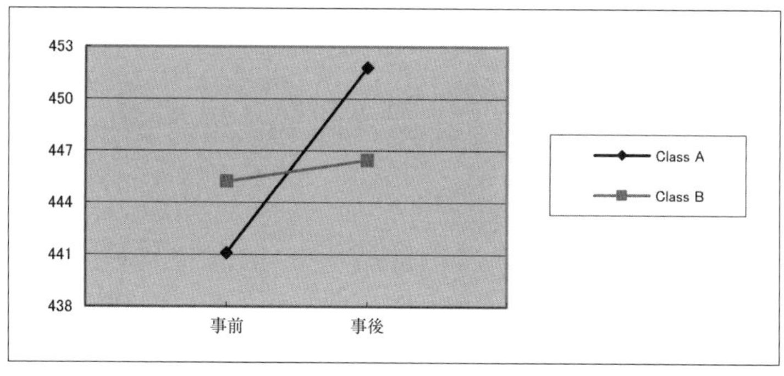

（注）Maximum＝640

図 1.2.　事前・事後テストの差 (n=79)

〈文法能力テストの分析〉

ディクトグロスが別名 Grammar dictation と言われるように，指導の一効果として文法能力の向上が期待されます。ここでは，練習問題（20 回分）で協力者が誤りをおかし，ディクトグロスによって訂正された部分を分析したうえで，35 問の文法能力テストを独自に開発して Class A と Class B に対して実施しました。図 1.3 と表 1.4 よりこの文法能力テストの結果を考察すると，両クラスの平均点に 0.7 点の差が出ましたが，これは統計上の有意差があるとは言えず，期待していた結果とはなりませんでした。ディクトグロスの指導中，生徒は獲得すべき文法に，確かに気づいたり，スクリプトを見ながら自己の誤りを直したりしていたのですが，文法の定着となると，20 回の練習の中で，ひとつの文法につきほんの 1，2 回出てきただけでは，定着が図られなかったということが，この結果の要因だと考えられます。ディクトグロスは用いる教材の選定が鍵であり，獲得かつ定着させたい文法が「繰り返し」出題されるなどの必要性があるでしょう。また，ディクトグロスによって気づき，獲得した文法を定着させるための「明示的」な文法指導やドリル的に反復させる指導，別の場面を与えてその文法を応用させる指導など，アフタフォローするための別の指導の必要性があると考えられます。

表 1.4. 文法能力テストの結果 (n=79)

Class A		Class B		t = (78)	
				t	p
平均	標準偏差	平均	標準偏差	0.68	.24 (ns)
20.5	4.66	19.8	3.80		

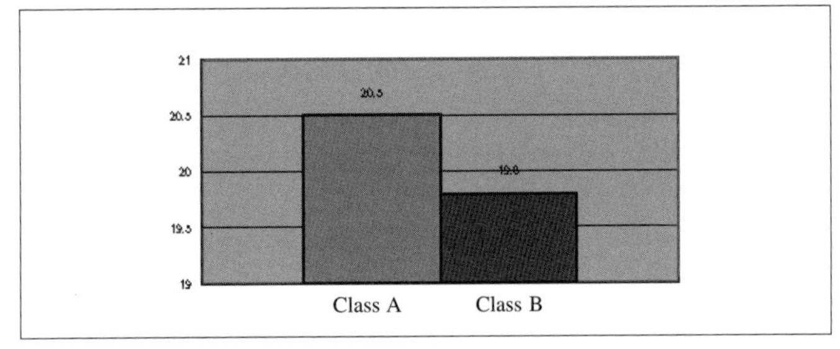

(注) Maximum = 35

図 1.3. 文法能力テストの結果 (n=79)

〈ライティング能力テストの分析〉

ディクトグロスがライティング能力の向上に影響を及ぼすか否かを検証するため，以下のように流暢さ（量）と正確さ（質）の観点よりライティング能力テストを実施しました。このライティング能力テストは，「毎日利用している駅がどのようであったら便利か」というテーマを与えて，20 分間で書かせるものです。表 1.5 にライティング能力テストの結果を示します。

〈ライティング能力テストの観点〉

(1) 量：制限時間内 (20 分間) で書いた語数の差を比較する。
(2) 質：**全体的誤り** (global error) と**局所的誤り** (local error) の数の差を比較する。

表 1.5.　ライティング能力テストの結果 (*n*=79)

	1 回目 (4 か月目)			2 回目 (5 か月目)			3 回目 (6 か月目)		
	W	G	L	W	G	L	W	G	L
A	61.4	0.76	3.41	82.7	1.87	2.05	107.5	1.22	2.73
B	56.2	0.76	3.64	74.7	1.58	3.30	88.4	1.83	3.05

(注) W＝制限時間内で書いた語数の平均；G＝全体的誤りの数の平均；L＝局所的誤りの数の平均

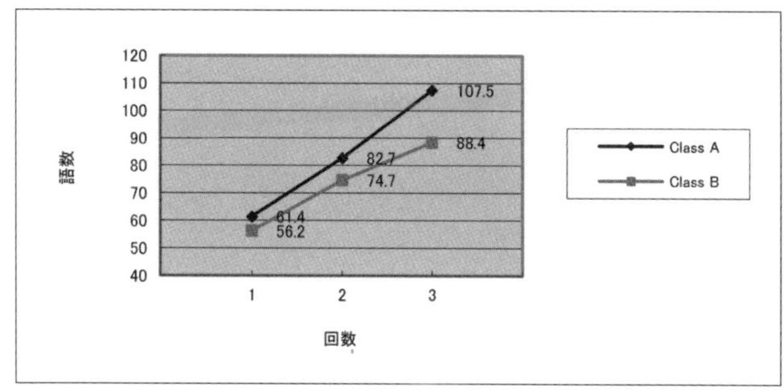

図 1.4.　制限時間内で書いた語数の平均

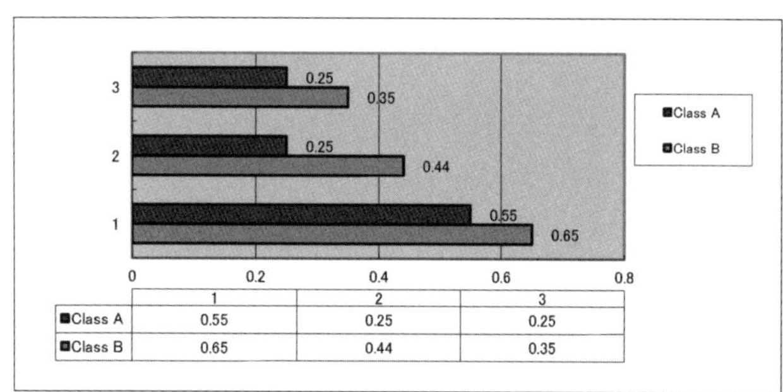

	1	2	3
Class A	0.55	0.25	0.25
Class B	0.65	0.44	0.35

図 1.5.　10 語あたりの局所的誤りの数 (*n*=79)

ライティング能力テストでは，ディクトグロスの指導の成果が明確に表れています。図 1.4 に示すとおり，メモを基に英文を自分で産出していくことで，自由英作文の課題においても，まとまりのある英文を産出する能力が付いたと考えられます。また，文法に気を付けながら仲間同士で英文を復元することで，図 1.5 に示すとおり，特に局所的誤りが少ない英文を書くことができるようになりました。

ライティング指導では，流暢さ（量）と正確さ（質）のバランスが大切です。同じアウトプットでも，即興性が求められ，かつ音声なので情報が消えていくスピーキングとは異なり，ライティングは認知能力を活用しながら，推敲を重ね，内容的にも言語的にも取捨選択の連続となるため，**ライティング能力の伸長は直線的ではなく，プラトー（踊り場を経る）的な伸長をたどる**ことがあります。つまり，リスニングやリーディングは順調に伸びているのに，ライティングだけ成績が下がるなど，成長が一時的に停滞する**プラトー現象**（plateau phenomenon）が起きる可能性があるのです。その時に学習者内で起きていることは，たくさん書こうとする量的なものの見方から，「この情報は必要か」，「この情報を伝えるためにはこのことば遣いで適切か」などという質的な見方への変化なのです。その流暢さ（量）と正確さ（質）のバランスを取るための指導法としても，このディクトグロスは有効だと言えます。

〈まとめ〉

以上述べてきたように，ディクトグロスを用いた指導の結果，リスニング能力が伸び，ライティング能力も量的・質的に伸びたと総じて言うことができました。今回，この研究の対象とはしませんでしたが，自分が書いたものを推敲したり，スクリプトを読んだり，またそれを書写させたりすることも指導していたので，リーディングの力を養成することにもつながったと考えられます。

今回の指導では，グループ内での話し合いを日本語で行わせましたが，上級者になれば英語で行うことも考えられますし，それがスピーキングの活動へとつながるでしょう。このディクトグロスはリスニングを起点としていますが，あとで文を復元するために必要なメモを取らせることで，聞くことに対する集中力をかなり身に付けさせることができました。ある程度文章が復元できたあとにもう一度英語を流すようにしましたが，協力者たちは身を乗り出すほどに集中して聞いていたのが印象的です。

この研究では教科書外の教材を使いましたが，現在では教科書に出てくる英文を用い，レッスンのまとめの段階でディクトグロスを行っています。生徒に配布するハンドアウトも改良して“今日のディクトグロスで気づいたこと”という欄を設けました。生徒が自分で書いたものをスクリプトと照合し訂正していく過程で，自分で気づいたことを書かせています。生徒のインテイクを大切にし，そして次の授業でそれらを全体にフィードバックするようにしたのです。自分で気づき自分で直していくという**自己教育力**（self-development）の大切さ，グループで協力したり全体で振り返ったりする協働の大切さとすばらしさをこのディクトグロスは教えてくれました。今回のディクトグロス指導では，グループの組ませ方や英文を何回聞かせるのが効果的か，またグループ活動の時間は何分が適切かなど考えるべき点が多くありました。結論としては，男女が混合の4人グループが適切であったことがわかりました。また，合計で4回聞かせるのが効果的でしたが，最初に1回メモを取らさずに聞かせ，次の2回はメモを取らせながら聞かせ，5分間グループ活動をさせたあと，もう1回聞かせ，さらに3分間与えてからスクリプトと照合させるのが，今回の協力者には適切でした。今後の展望として，「ラジオを聞いていて懸賞に応募するために書く」，「テレビで料理番組を見ていて材料や作り方を書く」など，実践的かつ適切な場面を与えるコミュニカティブ・ディクトグロスを開発していくつもりです。そうなれば，このドリル的な文章復元練習の基礎の上に立って，実践的なコミュニケーションという概念が生成されていくと思います。今回のこの研究を通して，習慣的になっていた指導に疑問を持ち，その指導の目的を再確認し，効果を実証していくという**アクション・リサーチ**★（action research）的な実践研究を行うことができました。

★**アクション・リサーチ**（action research）

指導上の問題点を特定したり，問題の解決策を探ることを目的としたりして，教師自らが行う調査・研究を意味する。理論と実践の相互作用を重視することが特徴の1つである。（白畑他, 2009, p.9）

【検証 2】

検証テーマ	ノート・テイキングとディクトグロスの成果との間には，どのような関連があるのか―日本語と英語によるディクトグロス実践比較を通して
検証時期	2019 年 2 月
対象者	国内，公立高校 1 年生
参加人数	102 名（男子 31 名，女子 71 名）
マテリアル	日本語能力検定試験（N1），検定教科書
研究仮設	(1) 学習者の熟達度と，ノート・テイキング，ディクトグロスの成果には何らかの関係性があるのではないか。 (2) 学習者の熟達度と，ノート・テイキング，ディクトグロスの成果において，日本語と英語のディクトグロスとの間で何らかの関係性があるのではないか。
検証方法	熟達度上位群と下位群による比較対照法
研究の概要	協力者を実力テストにて，熟達度上位群と下位群に分けて，日本語と英語の両方でディクトグロスを行い，そのときのノート・テイキングとディクトグロスの成果を比較した。熟達度 4（日英の上位群と下位群）×ディクトグロスの言語 2（日本語と英語）の 4 × 2 の比較対照研究である。
結果の概要	◆日本語のディクトグロス： ・ノート・テイキングとディクトグロスの成果には中程度の相関（.407）があった。 ◆英語のディクトグロス： ・英語の能力とノート・テイキングには弱い相関（.298），英語の能力とディクトグロスの成果には弱い相関（.346），ノート・テイキングとディクトグロスの成果には中程度の相関（.436）があった。 ■ノート・テイキング（日英比較） ・日本語と英語でのノート・テイキングには，中程度の相関（.462）があった。 ■ディクトグロス（日英比較） ・日本語と英語でのディクトグロスには，弱い相関（.226）があった。
論文の出典	『中部地区英語教育学会紀要』第 49 号, 95-102, 2020

この検証も，日頃の生徒の様子を見ていて抱いた疑問から出発したものでした。筆者が勤務していた高校では，当番（日直）を決めて，黒板を消したり，消灯したりさせる指導を行っていました。さらに，その日，一日あったことを「学級日誌」に記録させていました。生徒によって書き方も様々です(感想を箇条書きにする生徒，とても簡潔に書く生徒，丁寧に説明を書く生徒，コミュニケーションしてくる生徒（先生は○○を知っていますか？ など)。そして，欠席者や授業の内容の記録という欄もありましたが，それも生徒によって書き方に特色がありました。さらにある時，担任をしているクラスで，国語のノートを見る機会がありました。英語科教師にとって，他教科のノートを見るという機会はあまりなく，かつ（教科担当者という目線ではなく）自分の担任をしている生徒の，他教科のノートを見る新鮮さがありました。そこで気づいたのは，ノートの取り方は，生徒によって千差万別だということでした。学級日誌も書き方は生徒それぞれ，授業中のメモの取り方や，ノートの整理の仕方も生徒それぞれ。ディクトグロスはこれまで英語の力を伸ばすため，そしてその副産物としてノート・テイキング能力が向上すると考えていましたが，そもそも母語である日本語においても，ノート・テイキング能力に個人差があり，ノート・テイキングに差が出るということは，たとえ母語であってもディクトグロスの成果に差が出るのではないかと思ったのです。

そこで，協力者を，実力テストで日本語と英語能力の熟達度上位群と下位群に分けて，日本語と英語の両方でディクトグロスを行い，そのノート・テイキングとディクトグロスの成果を比較しました。つまり，熟達度が4通り（日英それぞれ上位群と下位群）×ディクトグロスの言語2（日本語と英語）の4×2のデザインで比較対照研究を行いました。

〈協力者について〉

今回の協力者は，公立高校に通う高校1年生，102名（男子31名，女子71名）です。課題をすべて達成した90名を検証の対象としました。英語力は初級～中級レベル（英検3級～準2級レベル）です。英語圏に長期留学（3か月以上）の生徒はいません。全員が日本語の母語話者です。協力者の熟達度グループ分けには，ベネッセコーポレーションの実力診断テストを用いました。表2.1には，その記述統計が示されています。日本語のテストも英語のテストも満点スコアを 18，最低を 1 としています。日本語のテストは平均が 11.61，英語のテストは平均が 11.16 でした。図 1.1 から分析する限り，今回の協力者は両テストにおいて，ほぼ正規分布になっていることがわかります。

表 2.1. 実力診断テストの記述統計（n＝90）

	Japanese Pro.	English Pro.
平均	11.61	11.16
最高	18	16
最低	5	4
標準偏差	3.11	2.69

（注）満点スコア；18，最低；1

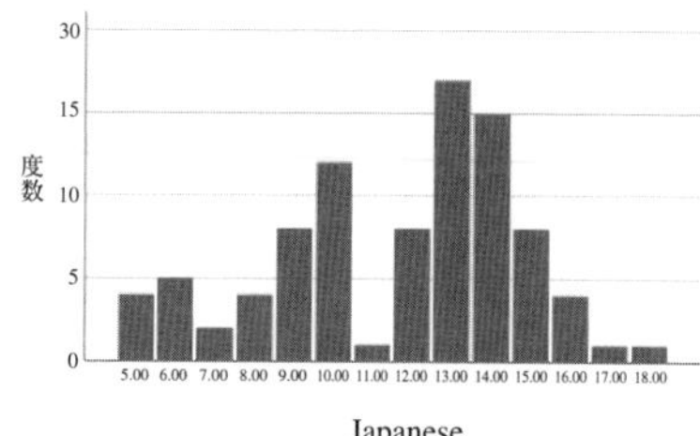

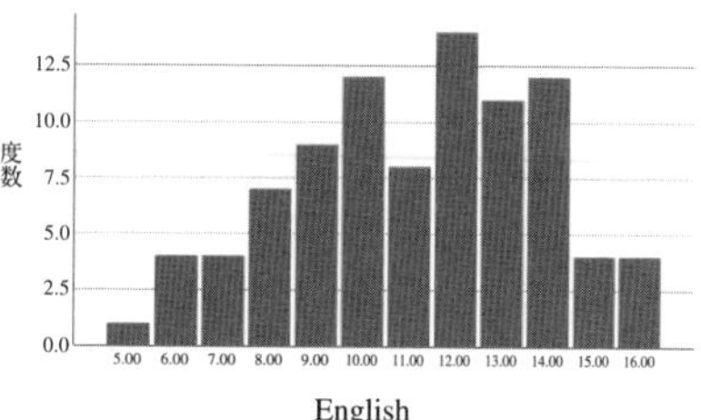

図 2.1. 日本語と英語の実力テストの散布図（n＝90）

次の表 2.2 や図 2.2 を見ると，協力者の，日本語と英語の能力には弱い（.312）の相関があることがわかります。

表 2.2. 日本語と英語の能力の相関（n＝90）

	Japanese Pro.	English Pro.
Japanese Pro.	1	.312**
English Pro.	.312**	1

** $p < .01$

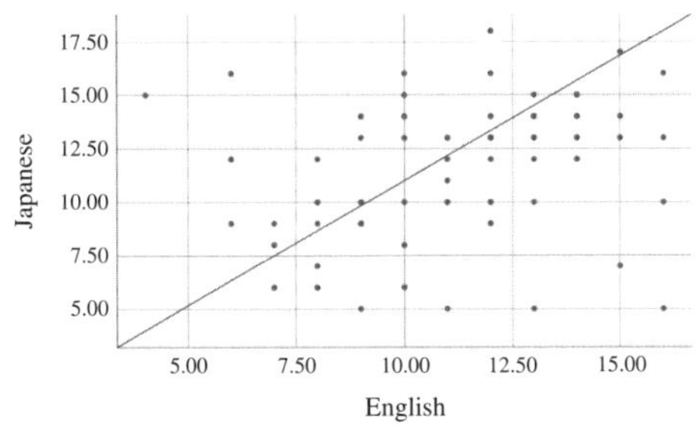

図 2.2.　日本語と英語の能力の相関図（n＝90）

〈マテリアル〉

日本語の母語話者に対して用いる日本語ディクトグロス用の素材ということで，その選択に迷いましたが，日本語能力検定試験の N1 レベル（最難関レベル）を選びました。また，英語の素材は，コミュニケーション英語Ⅰの検定教科書から引用しました。FKGL は 5.7 なので，英文の難易度としては易しいのですが，音声のインプットからはじまるディクトグロス素材としては，今回の協力者にとって簡単とは単純に言い切れない英文でした。下に，実際に使ったマテリアルを示します。

（日本語）はい，こちらレポーターの山本です。今私が来ているこの地域には，サクラ歌舞伎という伝統芸能があります。300 年以上の歴史があり，長く人々に親しまれてきたのですが，実はこの伝統芸能，後継者不足で，一度，存続が危あやぶまれたことがあるんです。そのとき，立ち上がったのが，なんと，この町の高校に通う高校生たちだったのです。伝統芸能を継承し，歴史を受け継いでいこうと，放課後，練習を重ねています。伝統芸能の衰退が珍しくない中で，この高校生の奮闘ぶりに，町でも，これが町の活性化につながらないか考え始めたようです。
（英語）Most Japanese students wear school uniforms to school every day. Do students check the school uniforms when they choose their schools? According to a survey, half of them do. A school uniform is an important reason for choosing a school. (LANDMARK Fit English Communication I（平成 28 年版）Lesson 3, Part 1, p. 41)

〈分析方法〉

マテリアルの英語を，Ikeno（1996）の**アイディア・ユニット**（idea unit: IUs）の考え方に従って区切ります。その結果，50 の IUs ができました。また，日本語の方は**内容語**（content word）ごとにカウントしていきます。例えば「後継者不足で」は，「後継者」で 1 語，「不足」で 1 語，「で」は助詞で**機能語**（function word）なのでカウントしません。その結果，日本語の方は 44 の IUs ができました。この区切り方については，2 人の採点者によって行われ，一致度は 79.3% で，不一致は話し合いにより解消しています。また，ディクトグロスの点数は，命題レベル（S＋V）で採点し，各命題レベルの区切りに対して，十分理解できるユニット（a fully intelligible unit）には 1.0 点，部分的に理解できるユニット（a partially intelligible unit）には 0.5 点を与えて採点しています。全協力者の 30 パーセント分を 2 人の採点者で採点し，一致度は 93.8 パーセントで，不一致だった箇所は話し合いで解消しています。

〈結果〉

表 2.3 を見てください。まずはメモの数に関しての結果です。メモの最大数値は，前述した IUs の数と同じく，日本語が 44，英語が 50 です。また，日本語のディクトグロスは，満点が 20 で，英語のディクトグロスの満点は 8 です。協力者の平均は，日本語メモが 21.2，英語が 10.1 でした。また，日本語のディクトグロスは 10.4，英語のディクトグロスは 1.5 でした。

表 2.3.　ノート・テイキングとディクトグロススコア（n=90）

	平均	標準偏差
Japanese Note	21.2	4.86
English Note	10.1	4.14
Japanese Dic.	10.4	2.94
English Dic.	1.5	0.95

（注）日本語と英語によるメモの語数の平均；
日本語のディクトグロスは満点；20；英語のディクトグロスは満点；8

次に，表 2.4 を見てください。日本語の能力，ノート・テイキング，ディクトグロスの相関関係です。ノート・テイキングとディクトグロスとの間に中程度の相関（.407）があることがわかります。しかし，日本語の能力とノート・テイキング，日本語の能力とディクトグロスとの間には，有意な相関は認められませんでした。

表 2.4.　日本語の能力，日本語ノート・テイキング，ディクトグロスの相関

	Japanese Pro.	Japanese Note	Japanese Dic.
Japanese Pro.	—	.020	.122
Japanese Note		—	.407**
Japanese Dic.			—

** $p < .01$

表 2.5 は，英語の能力，ノート・テイキング，ディクトグロスの相関関係についてです。英語の能力とノート・テイキング（.298)，英語の能力とディクトグロス（.346）との間に，弱い相関関係があることがわかりました。また，ノート・テイキングとディクトグロスとの間に中程度の相関（.436）があることがわかります。また，表 2.6 は，**重回帰分析**（multiple regression analysis）を行い，英語のディクトグロスの成績を，英語の能力，英語のノート・テイキングからどれだけ説明できるかを分析しています。$R^2 = .224$ と結果が出ていますので，2 割強について，英語の能力，英語のノート・テイキングに関して能力が高いので，英語のディクトグロスの成績が高いと言えます。

★ **重回帰分析**（multiple regression analysis）

重回帰分析とは，複数の予測変数から 1 つの目的変数を予測しようというものです（竹内・水本, 2014, p. 136)。例えば，ある学習者の実力テストの成績（1 つの目的変数）を，語彙テスト + 文法テスト + 発音テストの成績（複数の予測変数）から予測する方法です。教師は，テストを欠席した生徒に，予測点をつけることがあります。欠席したテストの平均点や普段の学習の様子も予測点をつけるのに大切ですが，この重回帰分析を用い，該当テストの期間における語彙テストや文法テストなどの成績から予測することも大切です。

表 2.5. 英語の能力，英語ノート・テイキング，ディクトグロスの相関

	English Pro.	English Note	English Dic.
English Pro.	—	.298**	.346**
English Note		—	.436**
English Dic			—

** $p < .01$

表 2.6. 英語のディクトグロススコアを予測する重回帰分析

	B	*SEB*	*β*	95%CI
English Note	.083	.034**	.236	[.015, .151]
English Pro.	.084	.022**	.366	[.039, .128]
Intercept	-0.282	.393		

$R^2 = .224$, ** $p < .01$

表 2.7 は，ノート・テイキングに関する日英比較です。日本語と英語の間には，中程度の相関（.462）があることがわかりました。

表 2.7. ノート・テイキングに関する日英比較

	Japanese Note	English Note
Japanese Note	1	.462**
English Note	.462**	1

** $p < .01$

表 2.8 は，ディクトグロスに関する日英比較です。日本語と英語の間には，弱い相関（.226）があることがわかりました。

表 2.8. ディクトグロスに関する日英比較

	Japanese Dic.	English Dic.
Japanese Dic.	1	.226**
English Dic.	.226**	1

** $p < .01$

〈考察〉

もう一度，日本語と英語それぞれについて，能力，ノート・テイキング，ディクトグロスの相関関係を表 2.9 で確認します。

表 2.9.　言語能力，ノート・テイキング，ディクトグロスの相関まとめ

〈日本語〉

	能力	ノート	ディクトグロス
能力			
ノート			○
ディクトグロス			

〈英語〉

	能力	ノート	ディクトグロス
能力		△	△
ノート			○
ディクトグロス			

ここで鍵となってくるのは，ノート・テイキングです。日本語にしても英語にしても，ノート・テイキングとディクトグロスの成績には関係性があることがわかりました。そして表 7 で示したとおり，ノート・テイキングについては，日本語と英語との間で相関関係があることがわかりました。そして，日本語にはありませんでしたが，英語については，英語の能力とノート・テイキングの能力，英語の能力とディクトグロスの成績にも相関関係があることがわかりました。

〈結論〉

これまで考察してきたことから，ノート・テイキングの指導が学習者に必要であることが言えます。それは「日英に関係なく」と言えます。筆者は，ディクトグロスの研究に関心を持ち，西日本のある高校を見学させてもらったことがあります。その高校では，メモを取るためのノートを常に持ち歩かせ，集会やクラスの朝礼はもちろんのこと，廊下でもメモを取らせていました。何がポイントで，何をメモするべきかについては，第 1 章で述べた，

山田 (2006) の主張する「共通基底能力」なのではないでしょうか。言語に関係なくメモを取る能力を付ける指導の必要性，そしてメモを取る習慣形成を鍛える必要性を感じます。瀧沢 (1997) はメモを取ることについて次のように述べています。

> 「メモ」をとることによって，生徒自らが「聞き取りのポイント」を追い求めるわけである。つまり，大事なポイントを「メモ」するようになる。この「活動」を続けていくうちに，必ず生徒は変わる。（まえがきより）

では，メモを取る習慣形成に関しては，事あるごとに喚起を促し，根気強く継続して指導するとして，英語でメモを取るための能力を付けさせる指導はどのように行うのがよいでしょうか。必要な語のみメモするということは，前述したインタラクティブ処理中のトップダウン処理能力が必要となってきます。音声として流れてくる情報を，瞬時に処理して，重要語とそうでない語の選別をする能力が必要なのです。そして，それが意味の解釈の力へとつながっていくのです。そのためには，重要語，つまり，内容語を選んで書き取り，機能語は書き取る必要がないときはメモしない，という指導が重要となってくるでしょう。

図 2.3 で示したのは，「ディクトグロスを行うためのスモールステップ指導」です。学習者の実態に応じて十分段階を踏んだ指導を行うことが大切です。特に Step 1 から Step 3 あたりの段階で，メモを適切に取る練習を行い，また，復元させるプロセスに入る前に，リスニング → メモを取らせる → 何をメモしたか仲間とディスカッション，をゲーム感覚で繰り返すとよいでしょう。また，流れる音声にポーズを入れて，「そのポーズごとに 1 語しかメモを取ってはいけない」というルールで行い，重要語を追い求めさせる練習をするのも効果的です。

参考資料：内容語と機能語の例

内容語の例	機能語の例	
名詞 動詞 形容詞 副詞	代名詞	He / She, They, it など
	助動詞	must, should, can など
	前置詞	in, of, at, about など
	冠詞	a, the, some など
	接続詞	and, but, or など
	関係代名詞	that, who, which など

[Step1] Dictation that has some blanks of key words with the initial letters as a clue.
e.g., Ladies and gentleman, welcome to our（e　　）“Looking back at the（t　　）century.”
[Step2] Dictation that makes learners conscious of sound linking.
e.g., I would like to（t　　）（a　　）this.
ans., talk about /tˈɔ:kəbάʊt/
[Step3] Normal dictation with blanks.
e.g., Kenji:（　　）（　　）（　　）, I would like to ask you（　　）you decided to go to Africa to study（　　）.
[Step4] One sentence dictation with normal note-taking.
[Step5] Two sentences dictation with normal note-taking.
[Step6] Dictogloss.

図 2.3.　ディクトグロスに結び付くステップアップ指導例

【検証 3】

検証テーマ	学習者は仲間との協力によって，ディクトグロスを通してどのような発見をしたのか
検証時期	2017 年 5 月
対象者	国内，公立高校 1 年生
参加人数	20 名
マテリアル	検定教科書
研究仮設	学習者は，教師による指導では気づかないことを，仲間と行う

	ディクトグロスを通して発見するのではないか。
検証方法	ケーススタディ
研究の概要	内容的に既習の教科書の英文を用いて，ペアでディクトグロスを行わせました。ペアでディクトグロスの復元文（プロトコル）を詳細に分析させ，そのうえで書かせたコメントを分析しました。
結果の概要	学習者は，a などの冠詞という細かい点から，代名詞の実践的な使用法，S＋V という根幹をしっかりと聞き取ることの重要性，談話構成などの大きな点まで仲間とのディスカッションを通して気づき，数々の有益なコメントを残しました。
論文の出典	『金沢星稜大学人文学研究』第 5 巻, 1-8, 2020

〈協力者〉

公立高校 1 年生，20 名です。英語力は初級（英検 3 級レベル）で，全員が日本語母語話者です。いずれの協力者も 3 年以上の英語学習歴があり，3 か月以上の長期英語留学経験はありません。

〈マテリアル〉

コミュニケーション英語Ⅰの検定教科書 Lesson 2 から引用し，改変（要約）した英文です。40 語と短く，FKGL は 4.0 なので，決して難しい英文ではありません。しかし，協力者の英語力は初級で，高校入学したての 5 月ということを考慮して，易しめのレベルを選択しています。この時期に，コミュニケーションをしっかりと行い，自分の意見を持ち，それを伝えることの楽しさをしっかりと植えつける指導を受けている協力者たちです。この検証で用いられた英文が，後ページに掲載されていますが，生徒自身の朝食を振り返らせ，卵を使った料理はほかにあるかを考えさせ，アメリカではなぜ raw eggs は好まれないかを推測させるなど，丁寧に内容中心の授業を行いました。1 行目に How do you like your eggs for breakfast? とありますが，How は「方法」だから「どうやって」と訳し，「朝食にどうやって卵を食べるのが好きですか？」と訳せばよい，「先生，“食べる” っていま訳したけど，どこに eat があるのですか？」などという，文法訳読に頼る授業をするのではなく，次ページのような内容中心のコミュニケーションをします。

T:　Did you eat breakfast today?

S1:　Yes, I did.

T:　What did you eat for breakfast?
（ここで for breakfast という表現に気づかせる。）

S1:　I eat rice.

T:　eat?
（ここで ate という過去形を使うことを気づかせる。**リキャスト**という F on F の手法を用いる。**質問調のイントネーションで生徒に注意を喚起する**（和泉, 2009, p. 181）。）

S1:　ate

T:　O.K.　You ate rice.

T:　Did you eat only rice?　With what?

S1:　I ate rice with natto.

T:　O.K.　I like to eat natto with a raw egg.
（egg を話題にしたいので，教師から egg を切り出し，raw という新語を導入する。）Can you guess what raw eggs are?
（**新語の導入は新語＋既知語がよい**。）Now, you know what eggs are, right? Please look at this picture?（生徒に十分想像させたあと，生卵の写真を提示する。）

Ss:　“raw” って生のことかぁ。

T:　Yes. Do you like raw eggs?

S2:　Yes!

T:　How do you like your egg for breakfast?（ターゲットの英文を用いて質問をし，生徒が理解につまったら具体例を出す。）
Raw eggs?　Sunny-side up?　Scrambled eggs?（写真を提示する。）

S2:　Scrambled eggs.

T:　You like scrambled eggs.（生徒が単語レベルで答えたら，教師が文でしっかりと言い返してあげる。）

T:　How about you, S3?　How do you like your egg for breakfast?
（意図的に質問文を繰り返して，生徒の耳に残させる。）

S3:　I like raw eggs.

T:　Oh, you prefer raw eggs.（生徒が like と言ったことを，prefer と

いう新出語彙を用いて返す。like が prefer の意味と感じさせる。新出語彙の導入に悩んでいる先生も多いと思います。どうしても新出語彙を辞書で調べさせ，日本語訳をさせることが多いと思いますが，この指導例のように，特にキーワードとなる新出語彙の導入は，教師がしっかりと場面を与え，命題レベル（S＋V）での意味解釈が起きるような，できれば生徒の既習の語彙の言い換えを用いた導入が効果的です。）

このような内容中心の授業をします。そのうえでのディクトグロス実践となります。既習の英文を用いたディクトグロスとは，このような内容中心の指導をしたうえで行うのです。そうすると，下の CASE1 から CASE4 までに示すような，言語や談話構成に学習者の注意を向かせることができやすくなります。各 CASE の実際のコメントは，Appendix をご覧ください。

〈検証結果〉

CASE 1

このペアは，「大切なところをしっかりと聞き取る」ことの重要性，つまりキーワードをつかむ重要性に気づきました。リスニングをしていると「先生，速すぎて（リスニングに）ついていけない」という声を生徒からよく耳にします。この「大切なところをしっかりと聞き取る」ことを意識していないと，最初から最後まで，一字一句のすべてを網羅的に聞こうとして，リスニングについていけないという現象が生じます。このリスニングの本質ともいうべき「キーワードをつかむ重要性」に自分たちの手で気づいたのは重要なことです。また，このプロトコルからわかったことは，We don't have raw egg と書くべきところを *We don't raw egg と書いたりする「動詞の欠落」が見られました。この誤り分析からの発見を基に，次の授業ですぐに，クラス全体へこの情報を共有しました。

CASE 2

このペアのディクトグロスの特徴は，「主語と動詞をもっとしっかりと聞き取る」重要性を指摘していることです。英語は，S＋V の構造からはじまる英文が圧倒的に多く，命題的テキストベースである S＋V は意味把握の重要な部分を握っているということに，自分たちの手で気づいたのは重要なことです。このコメントが生まれた背景だと思われますが，CASE 1 のペアと同様に，“We don’t raw egg.” と，動詞の欠落が見られました。また，その一方で，“a” や複数形の “s” についても言及しています。これは，S + V 構造という大きな側面に加えて，冠詞という細かなところまで気を配れるようになったことを意味します。

CASE 3

このペアのディクトグロスの特徴は，話の**談話構成**（discourse）に言及している点です。会話の最後には疑問文がくる，というパラブラフ構成に注目しているのです。Stockwell（2010）は，ディクトグロスの利点は，センテンスレベルの文法に加えて，談話レベル（discourse level）に目を向けさせられるので，文全体に焦点を当てられると述べています。また，特徴的なコメントとして，“like と prefer”，“have と eat” といった同義語に気づいたことです。これは，同義語が多く用いられている英語にあって，英語学習にとってとても重要な気づきです。検定試験の中で，特に IELTS は，言い換えや同義語の発見や把握が鍵だと前述しました。言い換えや同義語に気づくということは，表現の豊かさにもつながるのです。教師にとって語彙指導は難しいものです。なぜなら，英単語と日本語の 1 対 1 の置換はよくないと感じてはいても，その代替案がなかなか見つからないからです。このペアが，今回のディクトグロスで言い換えに気づきましたが，教師の語彙指導においても言い換えや同義語によって，学習者の表現の豊かさを増やしていけるものと考えられます。

Case 4

このペアは，代名詞の使い方について新たな発見をしました。“Why don’t you try one tomorrow?” という英文が原文にあります。これをこのペアは，“Why don’t you try raw egg tomorrow?” と書いているのです。これは，このペアが，意味をしっかりと捉え，try のうしろ（目的語）には raw egg がくると，意味的に判断して書いたものです。そして原文と比較したときに，原文では one という代名詞を用いていることをこのペアは発見して気づき，「2 回目には省略する」（つまり代名詞を使う，という意味で書いている）というコメントが書かれたのです。教師側の指導として，普通であれば，「このoneは何を指している？」と聞いて「raw egg」と生徒から引き出す方向が多いと思います。今回，この生徒たちは「ここは意味的にraw eggが来るはずだよね」と意味から入り，「oneと置き換えられるのだ」と，あとで言語的な発見をしたのです。教師の指導とは逆方向の，自分たちの話し合いの力を用いた「新たな発見」となりました。

〈考察〉

Fotos（1993）は，学習者にとって障害となる文法構造（problematical grammar structures）に関して，フォーマルな知識を習得させるために設計された2種類の指導方法を用いて，文法意識向上によって処理され，生成される，学習者の気づきの量を調査しました。その2つの方法とは，①教師が主導する文法レッスン，②学習者中心のインタラクティブな文法問題解決タスクです。結果は，コントロールグループ（①教師が主導する文法レッスン）によって生成された学習者の気づきと比較して，インタラクティブな文法問題解決タスクのグループ（②学習者中心）は，文法タスクのパフォーマンスがその後，かなりの量の気づきの促進において効果的であることを示しました。しかし，Fotosは，障害（問題）のある文法構造のフォーマルな知識が不要であるとは言っていませんし，教師が主導する文法レッスンも学習者の意識を高めるために重要であるという見解も述べています。教師は，しっかりとディクトグロスの練習の目的（何を習得させたいのか）を確認する必要があり，教師は言語の特徴や学習者のプロトコルへのフィードバックについて，時には適切に明示的な知識を与え，学習者が概念や機能を学習できるよう配慮する必要があります。文法構造についての知識を獲得した多くの学習者は，意識が高まったあと，コミュニケーションによるインプットでそれらの文法構造に再び注意を向けるのです (Fotos, 1993)。

この検証で用いられた英文

> How do you like your eggs for breakfast? I prefer sunny-side up. How about you? Most mornings, I have a raw egg on rice. Really? We don't eat a raw egg in the US. Why don't you try one tomorrow?
>
> (Power On Communication English I（平成 24 年版）, p. 22 を改変)

Appendix A: Case 1

■取ったメモから元の英文を復元してみよう

・How do you like your eggs for breakfast? ・I prefer sunny side up. How about you? ・Most mornning I have a row eggs on rise ・Really? we don't row egg in the U.S. ・Why don't you try tommrow	気づいたこと ・英文全てをしっかりききとるよりも、大切なところをしっかりとききとると、文にすることができる

Appendix B: Case 2

■取ったメモから元の英文を復元してみよう

・How do you like your eggs for breakfast.
・I prefer sunny-side up, How about you?
・Most morning I have a raw egg on rice.
・Really? We don't eat a raw egg in the US.
・Why don't you try one tomorrow

気づいたこと
主語と動詞をしっかりと聞いておくといいと思った。aや、sを聞くとより正確に書けると思った…

Appendix C: Case 3

■取ったメモから元の英文を復元してみよう

How do you like your eggs for breakfast?
I prefer sunny side up. How about you?
Most mornings, I have a raw egg on rice. Really?
We don't eat a raw egg in the U.S.
Why don't you try one tommorrow?

会話の最後には疑問文がくる。
同じ動詞を使わずに返事を返す。(like → prefer, have → eat)

Appendix D: Case 4

■取ったメモから元の英文を復元してみよう

A How do you like your egg for breakfast?
B I prefer sunny-side up, How about you?
A Most mornings I have a raw egg on rice,
B Really? ~~I~~ we don't ~~have~~ eat a raw eggs in the US,
A Why don't to try ~~raw egg~~ one tomorrow?

「気づいたこと」
2回目に言うときは省略する!

【検証4】

検証テーマ	学習者の英語熟達度とディクトグロスの成果との間には，どのような関連があるのか
検証時期	2017年
対象者	国内，公立高校2年生
参加人数	86名（男子39名，女子47名）
マテリアル	キクタンリーディング Basic 4000（アルク, 2007）
研究仮設	(1) ディクトグロスの成果は，英語4技能のうち，特定の技能との関連性が強いのではないか。 (2) ディクトグロスのインプット音源の質や読み上げ速度を変化させると，学習者の英語熟達度によって，ディクトグロスの成果に影響を与えるのではないか。

	(3) ディクトグロスの成果を，学習者の英語熟達度を示す指標として活用できるのではないか。
検証方法	熟達度上位群と下位群による比較対照法
研究の概要	英語能力テスト（GTEC）の結果により，学習者の英語熟達度を上位群（upper）と下位群（lower）に分けました。そして，それぞれに対して，3タイプの異なるディクトグロス・インプットを与えました。熟達度2×異なるインプット3で，ディクトグロスの成果を比較検証し，学習者の英語熟達度と，ディクトグロスの成果との間には，どのような関連があるかを調べました。
結果の概要	ディクトグロスの成果は，英語4技能のうち，特にリスニング能力とリーディング能力と密接な関連性があることがわかりました。また，学習者の英語熟達度によって，ディクトグロスのメモの取り方は変わり，復元文にも差が出ていることがわかりました。ディクトグロスの成果を，学習者の英語熟達度を示す指標として，ポートフォリオのような形式で活用することができると考えられます。
論文の出典	『全国英語教育学会紀要』第29号, 33-48, 2018 https://ci.nii.ac.jp/naid/130007622747/

ディクトグロスの実践により，「英語力が向上した」という研究は増えてきました。特に海外では，リスニング能力，記憶，そしてライティング能力の向上によいのではないか (Prince, 2013)，ディクトグロスは複合的な能力が必要となってくる（multiple skills）システム的な活動（system activities）であり，文法の力やリスニング能力の向上のみならず，副産物としてノート・テイキングの力もつけることができる (Vasiljevic, 2010)，文法の能力やその正確さを獲得することができる (Wajnryb, 1990; Vasiljevic, 2010) ということが明らかになっています。そこで筆者はあることを疑問に思いました。そもそも英語力が高い学習者は，英語力が低い学習者よりも，ディクトグロスで良い成果を出すことができるのであろうか。そして，英語4技能のうち，どのような「英語力がある」学習者が，ディクトグロスで良い成果を出すことができるのであろうか，という2点です。つまり，「ディクトグロスの実践により，英語力が向上した」とは逆向きの，「英語力

（リーディング力・スピーキング力・ライティング力・リスニング力）がある学習者は，ディクトグロスの実践結果が優れている」ということを検証しようと考えたのです。この研究論文のタイトルが，“The Potential Advantage of Dictogloss as an Assessment Tool for EFL Learners' Proficiency” としているのは，ディクトグロスを，学習者の**英語能力の測定方法**（テスティング）として考えられないか，という意図が込められています。Vasiljevic も「**ディクトグロスはリスニング・コンプリヘンションを指導する方法であるが，学習者のリスニング能力を評価する**（assessing students' listening ability）**方法でもある**」と述べています（p. 46）。

〈協力者〉

協力者は，公立高校に通う，高校2年生86名（男子39名，女子47名）です。すべての課題を達成しなかった3名は除外してあります。いずれの協力者も英語は5年以上の学習歴があり，3か月以上の長期英語留学経験はありません。GTEC for students（ベネッセコーポレーション）の成績により，上位群（Upper group）と下位群（Lower group）にクラス分けがされています。

〈検証方法・マテリアル〉

まず，この検証で用いた方法，マテリアルと特徴を紹介します。表4.1にあるのは，3つの異なるパターン（Variances）をまとめたものです。

Variance 1： 短文を5文ディクトグロスし，音声は，140/wpm で2回流れます。平均的な FKGL は14.0なので，学習者にとっては標準より少し難しい英文と言えます（数値が大きくなると，英文の難易度が上がります）。この Variance 1 の特徴は，英文を読み上げるときに，チャンクごとにポーズ（間）を入れたことです。そしてこの検証の協力者は，そのポーズ内で，**1語のみメモを取ることができる**という設定をしました。このことにより，協力者によって，どの語をメモするかの違い，つまりトップダウン能力の違いを検証することができます。そのメモを取った語は，協力者の熟達度によって変わるのでしょうか。取ったメモによって，復元文に差は出てくるのでしょうか。

Variance 2：　短文を5文ディクトグロスし，音声は，140/wpm で1回のみ流れます。平均的な FKGL は 10.3 なので，協力者にとっては標準より易しめとなります。この Variance 2 は，通常のディクトグロスに近く，メモもどれをいくつ取っても構わないというルールなのですが，**音声は1回しか流れないので，聞きながら即座にメモをする語を選択・決定する必要があります。**

Variance 3：　短文を5文ディクトグロスし，音声は，95/wpm で1回のみ流れます。平均的な FKGL は 6.1 なので，協力者にとってはかなり易しめとなります。しかし，この Variance 3 では，協力者が知らない語句や構文を必ず入れてあります（協力者がその語句や構文を知っていないことは別途，あとで調査済み）。その未知の語句や構文に対し，どう対処するのかを検証したのです。その対処方法として，(1) 未知の語句や構文は無視する（**回避**：an avoidance strategy），(2) 聞こえた音をそのままスペリングする（a phonological strategy），(3) 文脈から未知の語句や構文の意味を判断し，自分の知っている語句などで代用する（a semantic strategy）のどれが多く用いられるかを検証しています。

本来ディクトグロスは，仲間と協力して元の英文を復元しますが，この検証の性質上，協力者は個別に復元をしています。教育的な配慮として，検証データの回収後に，グループによる分析とディスカッションを実施しました。

表 4.1.　各 Variance の特徴

	Variance 1	Variance 2	Variance 3
英文の数	5	5	5
平均語数	23.0	16.0	13.8
FKGL の平均	14.0	10.3	6.1
リスニングの回数	2	1	1
条件	4か所の意味の区切りを設けてある	通常	馴染みのない語句や文構造が各英文に含まれている
音声のスピード	140/wpm	140/wpm	95/wpm

〈分析方法と結果〉

表 4.2 を見てください。ディクトグロスによって復元された英文（dicto-gloss protocol と論文中では呼んでいます）を採点した結果（満点に対する協力者の得点の平均）です。

Ikeno (1996) のアイディア・ユニット（IUs）と呼ばれる，意味の区切り単位で採点しています。この検証では，このアイディア・ユニットごとに，十分理解できるユニット（a fully intelligible unit）には 1.0 点，部分的に理解できるユニット（a partially intelligible unit）には 0.5 点を与えて採点しています。全協力者の 30 パーセント分を 2 人の採点者で採点し，一致度は 92.0 パーセントで，不一致だった個所は話し合いで解消しています。満点は，Variance 1 が 20 点，Variance 2 と 3 が 15 点です。Variance 1 から 3 までトータルでは，得点の平均が .252 となっています。

表 4.2. 各 Variance の平均スコア

	M	*SD*
Variance 1	.186	.107
Variance 2	.229	.114
Variance 3	.342	.116
Total	.252	.087

Note. Rates were calculated by dividing the sum of dictogloss scores from each sentence by the full marks
満点は Variance 1; 20 点，Variance 2 と 3; 15 点

表 4.3 は熟達度と各 Variance における技能別の相関関係です。例えば，Variance 1 では（L .616/W .120/R .463）という結果が出ています。これは，Variance 1 において，協力者のリスニング能力と Variance 1 の得点との間に .616 の相関があったことを示しています。同じく，ライティングでは .120，リーディングでは .463 です。アスタリスク（*）は，統計的に有意を示しています。つまり，統計的に，リスニング能力と Variance 1 の得点との間に強い関連性が，リーディングと Variance 1 の得点との間に中程度の関連性が認められているということになります。トータルをみても，リスニング能力と各 Variance，リーディングと各 Variance の相関が有意に強いので，この検証におけるディクトグロスは，リスニング能力とリーディング

能力と関係があると言えることがわかります。その一方で，この検証におけるディクトグロスとライティング能力との間には，相関性が認められなかったという結果が出ています。

表 4.3.　協力者の熟達度と各 Variance の相関（*N*=86）

	Variance 1	Variance 2	Variance 3	Total
L	.616 **	.477 **	.292 **	.587 **
W	.120	.121	.174	.179
R	.463 **	.486 **	.387 **	.571 **

** $p < .01$, * $p < .05$

Note. Total was correlation from all the Variances from 1-3 for each proficiency.

では，特定の技能とこの検証におけるディクトグロスとの相関関係があることがわかったところで，協力者にその能力があるから，ディクトグロスで高い成績を上げることができたのだ，と説明できるかを分析しています。ここでは，検証 2 で述べた**重回帰分析**という分析方法を採用しています。表 4.4 に示すとおり，例えば Variance 1 におけるリスニング能力の項が .510 で有意と出ています。つまり，リスニング能力が高いから Variance 1 におけるディクトグロスで良い結果をあげられたということが .510 の結果で説明できるということです。

表 4.4.　協力者の熟達度と各 Variance の重回帰分析の結果

	Variance 1	Variance 2	Variance 3	Total
L	.510 **	.317 **	.132	.404 **
W	.008	.020	.105	.058
R	.221 *	.334 **	.308 **	.372 **
R^2	.417 **	.316 **	.176 **	.460 **

** $p < .01$, * $p < .05$

この結果を見ると，ディクトグロスの成績が高いことは，リスニング能力の高さとリーディング能力の高さから，有意に説明できることがわかりました。つまり，スニング能力とリーディング能力の高い学習者は，ディクトグロスで良い成績を収めることができる可能性を示唆しています。

次に表4.5を見てください。これは，協力者の熟達度（上位群と下位群）によって，メモの取り方にどのような違いがみられるかを示したものです。Variance 1の英文，“When the Seattle Mariners’ Ichiro Suzuki / first arrived in America in 2001, / he became the first Japanese regular position player / in the Major Leagues.” を例にとります。Variance 1では，区切りごとに1語しかメモを取ることしか許可されていないので，協力者の熟達度によって，どの語をメモしたのかが検証できます。例えば “he became the first Japanese regular position player” という文において，regularという語に関して，リスニング能力上位群は45.5%の協力者がこの語をメモしているのに対し，リスニング能力下位群では15.2%しかメモしていないことがわかります。その一方で，positionという語に関して，リスニング能力上位群は15.2%の協力者しかメモしていないのに対し，リスニング能力下位群では27.3%と，およそ倍の数字になっています。この英文では，regular position playerと英語が流れるのですが，regularに意味的な重要さがあり，このregularをメモすることが不可欠となっていました。つまり，リスニング上位群は，重要語をしっかりとメモできていたのです。また，これは，ライティング能力との関係にも同じことが言えます。regularという語に関して，ライティング上位群は33.3%なのに対して，ライティング下位群は25.7%です。その一方で，positionという語に関して，ライティング能力上位群は18.2%なのに対して，ライティング能力下位群は22.9%となっています。

表 4.5.　各技能における熟達度別のノートキングの特徴

Listening	Upper $N=33$	Lower $N=33$	$M=188.4$	$SD=30.17$		
	N	%	*N*	%	*N*	%
	regular		position		player	
upper	15	45.5	5	15.2	5	15.2
lower	5	15.2	9	27.3	6	18.2

Writing	Upper $N=38$	Lower $N=30$	$M=121.0$	$SD=9.04$		
	regular		position		player	
upper	10	26.3	9	23.7	7	18.4
lower	11	36.7	5	16.7	4	13.3

Reading	Upper $N=33$	Lower $N=35$	$M=178.0$	$SD=18.59$		
	regular		position		player	
upper	11	33.3	6	18.2	5	15.2
lower	9	25.7	8	22.9	6	17.1

Notes. The data was excluded in the case of noting more than one word.

表 4.6 を見てください。Variance 1 より，“When fossil fuels are burned,/ harmful gases such as carbon dioxide/are released into the atmosphere/ and get trapped by the ozone layer.” という文を例に取り上げます。この英文は，区切りが 4 つあり，Variance 1 では，各区切りで 1 語ずつメモを取ってもよいので，協力者は最大で 4 語のメモを取ることになります。しかし，メモが取ることができずに，空欄になってしまった協力者もいるのです。表 6 は，協力者の熟達度と，メモを取るのを失敗した（メモが取ることができなかった）数（メモの失敗は 4 か所の合計数），メモを取るのに失敗した人数（1 か所でも失敗があれば，それ以上の失敗があっても 1 人と数える）の割合を表しています。

表 4.6.　協力者の熟達度と各技能間における，ノート・テイキングの失敗

Listening	Upper $N=35$　Lower $N=33$　$M=190.2$　$SD=30.66$	
	Failure to take notes	
	N	%
upper	51	36.4
lower	72	54.5

Writing	Upper $N=39$　Lower $N=30$　$M=121.9$　$SD=9.16$	
	Failure to take notes	
	N	%
upper	77	39.5
lower	52	35.0

Reading	Upper $N=32$　Lower $N=34$　$M=177.0$　$SD=18.51$	
	N	%
upper	62	48.4
lower	58	42.6

リスニング能力上位群は，36.4% の協力者がメモを取るのに失敗しているのに対し，リスニング下位群は，54.5% の協力者がメモを取るのに失敗しています。これが，ライティング能力やリーディング能力となると，その数字は逆転して，それぞれの能力上位群の方が下位群よりも，メモを取るのに失敗することがわかりました（ライティング能力上位群が 39.5% に対して，下位群は 35.0%；リーディング能力上位群が 48.4% に対して，下位群は 42.6%）。

Variance 2 は通常のディクトグロスなので，次に Variance 3 を見ていきます。ここでは，協力者がつまずく語句や構文（problematic words or structure）を意図的に含ませて，ディクトグロスにおける，協力者の処理方法を考察しています。Variance 3 の下線を引いた語句，構造が協力者にとって未知の語句や構造となっています。これは，あとで調査をして，協力者にとって確実に未知の語句や構造であったことを確かめています。

・The garments, which are sold in the clothes shop, are made in some Asian countries.
・Stolen last year, the painting is considered to be worth $10 million.
・The climbers walked in the middle of a mountain and finally found the hut to rest.
・John entered the meeting room accompanied by his teacher.
・A warehouse is necessary to store the extra goods we don't need soon.

Note. The underlined words or structures mean problematic ones for the participants.

この中から，garment（衣類），hut（山小屋），warehouse（倉庫）を取り上げます。garment はうしろから which are sold in the clothes shop という説明があり，warehouse は to store the extra goods we don't need soon という説明があります。協力者のトップダウン処理，つまり全体を聞いて大きく意味を把握し，この語句は知らないけど，きっとこのような意味だと推測する力を測っています。そのうえで，最終的に，どのようにボトムアップ処理をしたかを検証しています。hut は，多くの協力者にとっては hat（帽子）と聞こえ，本来の意味とは誤って捉えられたのですが，あとに続いて流れた to rest（休憩するための）と帽子が結び付かないことをつかみ，対処した協力者もいるようです。その結果が表 4.7 です。

表 4.7.　障害となる語句や構造への対処方法（N=86）

	garment		hut		warehouse	
	N	%	*N*	%	*N*	%
avoidance	22	25.6	39	45.3	27	31.4
phonological	57	66.3	41	47.7	59	68.6
semantic	7	8.1	6	7.0	0	0.0

どの problematic words に関しても，意味を考えて同義語で代用できた（semantic strategy）協力者はあまりいませんでした。ではどのように「切り抜けた」のかというと，garment，hut，warehouse ともつまり，意味はよくわらないけど，音は聞こえたので，その聞こえた音のとおりにスペリングを

書いてみた（phonological strategy）協力者が多かったのです。しかし，hut では，avoidance が 45.3%，phonological が 47.7% と拮抗しました。これは，協力者が garment と warehouse に関して，既知の同音異義語がなく，音で処理 phonological したのに対し，hut に関してはよく馴染みのある同音異義語に hat（帽子）があり，迷ったものと考察されます。表 4.8 では，協力者の技能別の熟達度とどのストラテジーを活用したのかの関係性を示しています。それぞれの problematic word において，avoidance，phonological，semantic それぞれの strategy を用いた協力者の，技能別の平均点を表しています。例えば，garment を例に取ると，リスニングと，ライティング，ディクトグロスの得点では，avoidance < phonological < semantic ときれいに揃っており，リーディングにおいても，avoidance < phonological ≦ semantic となっています。これが hut だと，すべてにおいて，avoidance > phonological > semantic ときれいに逆転していることがわかります。

この検証は，学習者の既に持っている言語能力から，ディクトグロスの出来を予測，説明することが目的でした。総じて，協力者の習熟度の差，つまり英語力の差，特にリスニング能力とリーディング能力の差が，ディクトグロスの出来に影響を与えることがわかりました。つまり，ディクトグロスの成績が伸びてきたら，それはリスニング能力とリーディング能力が伸びているとも言えるわけです。

図 4.1 は，Maeda（2018）が作成したディクトグロス活動における能力記述文（Can-do statements）です。もともと Can-do statements は，CEFR（Common European Framework of Reference for Languages：**ヨーロッパ共通言語参照枠**）★ の考え方を日本の英語教育に取り入れたもので，NHK の英会話番組では，この CEFR の考え方に基づいて「A1」「A2」などのレベル分けがテキクストに表記されています。Maeda のディクトグロス Can-do statements の特徴として，ディクトグロスを成功させるために必要な，トップダウン処理とボトムアップ処理の両方の評価項目が設定され，それぞれにおいて，「○○ができた」とディクトグロス中の具体的な活動が自己評価できるようになっています

また，図 2 は，これまで見てきた検証結果をふまえて，学習者の能力とディクトグロスの出来との相関性を考えたうえで作成したポートフォリオです。学校で行われる定期試験はせいぜいあっても年 5，6 回でしょう。まし

てや入試となると，いまだに1発勝負の性質のものです。しかし，教育は，毎日のように行われる継続性のあるものであり，学習者のその成長も継続的に評価する必要性があります。そのような形成的評価が，日本の教育にはもっと必要であると考えられます。

★**CEFR**（Common European Framework of Reference for Languages：ヨーロッパ共通言語参照枠）

ヨーロッパ協議会（Council of Europe）が2001年に発行したヨーロッパにおける外国語学習，教育及び評価のガイドライン（白畑他，2009, p.43）。英語4技能の到達目標を「〜できる」という能力記述文の形式で書かれている。

表4.8.　協力者の熟達度と障害となる語句や構造への対処方法との関係

garment	L		W		R		D	
	M	*SD*	*M*	*SD*	*M*	*SD*	*M*	*SD*
avoidance	183.27	34.91	117.91	7.90	172.50	15.78	0.19	0.07
phonological	192.96	29.93	121.10	9.27	178.76	21.02	0.27	0.08
semantic	199.14	29.94	125.21	7.23	178.36	14.65	0.29	0.10
hut	**L**		**W**		**R**		**D**	
	M	*SD*	*M*	*SD*	*M*	*SD*	*M*	*SD*
avoidance	197.13	33.09	122.59	8.69	179.18	18.95	0.27	0.08
phonological	187.05	27.30	119.78	8.28	175.73	17.1	0.24	0.08
semantic	185.17	44.32	118.33	13.0	172.83	30.35	0.23	0.12
warehouse	**L**		**W**		**R**		**D**	
	M	*SD*	*M*	*SD*	*M*	*SD*	*M*	*SD*
avoidance	189.37	31.72	122.26	7.88	174.26	16.56	0.26	0.09
phonological	192.46	31.40	120.36	9.26	178.39	19.85	0.25	0.09
semantic	0.00	0.00	0.00	0.00	0.00	0.00	0.00	0.00

Note. D stands for total scores of dictogloss

Top-down phase	Self-check
① Can judge and take note of the key or core word to comprehend the text by semantic meaning units.	S A B C D
② Can take notes focusing on the words that are absolutely necessary to comprehend the text.	S A B C D
③ Can take notes with the words that will be helpful in compensating for the unfamiliar words or structures.	S A B C D
Bottom-up phase	
① Can reconstruct the story using the notes efficiently.	S A B C D
② Can reconstruct the story accurately being aware of the usage of words and grammar.	S A B C D
③ Can use the alternative words or structure according to context that are instead of the unfamiliar words or structures.	S A B C D

図 4.1.　ディクトグロス能力記述文（Can-do statements）

■ Date: 20　　/　　/

■ Today's goal（Top-down: 1 2 3 Bottom-up: 1 2 3）

※ See "Can-do statements for the dictogloss" and circle one number for each

■ Scores（　　　　　　）

■ Level of achievement toward today's goal

（Top-down: S A B C D　Bottom-up: S A B C D）

※ Circle one for each

■ Comment

図 4.2.　ディクトグロス・ポートフォリオ（Portfolio）

第 II 部　実践編

第3章　ディクトグロスにつながる基礎練習

第 II 部では，実際に，様々な方法でディクトグロスの練習を行ってみましょう。第 I 部で強調したとおり，ディクトグロスは仲間と協力するところに特徴があるのは確かですが，もちろん自己学習するにも有意義な活動です。第 II 部は，自己学習することを念頭に置き，自己学習でも仲間とのグループワークで味わうような説明やフォローアップ活動を用意してあります。

また，教室で指導を行う先生方もぜひ，例えば次のように本書を活用していただけたらと思います。

① 教科書の英文を用いてディクトグロスを行い，必要に応じて本書の解説や練習問題を活用する

② 教科書の単元が終わったところで，その単元と関連する文法項目を扱っている本書のディクトグロスを行ってみる

また，第 I 部では，実際のディクトグロスの手順について詳しく述べましたが，ディクトグロスにつなげるための準備段階として行うとよいステップアップ活動についても，第 II 部では触れていきます。このステップアップ活動は，短い時間で，かつコツコツと帯活動として行うのもよいでしょう。また，様々な練習タイプがありますから，授業にバリエーションを持たせることもできます。ディクトグロスで大切な，ペアやグループワークに必要なアイスブレーキング（teambuilding）にも，この練習が役に立つことでしょう。望月他（2018）は，「リスニング指導では，活動に変化を持たせ，

生徒が『気づいたら何度も聞いていた』という状況を作り出すのが，成功のキーポイント」だと述べています（p. 134）。同じ英文であっても，ここに紹介する様々な練習パターンで繰り返し“リサイクル”するのもよいでしょう。この練習で個々の「特定要素」，例えば get to が「ゲットゥー」などと，音の変化を集中して聞き取る活動を行うこともできます。このようなリスニングは**集中的リスニング**（intensive listening）と呼ばれます（望月他, 2018, p. 124）。一般的に，画像や映像などの視覚情報は，聴覚情報を支えるものですが，この集中的リスニングでは，視覚情報の取り扱いには注意が必要です。というのも，一般的に視覚情報は，コミュニケーションの全情報の 70% 以上を占めていると言われていますが，画像や映像があるだけで学習者は内容を理解したつもりになることも多く，集中的リスニングに専念させるには，音声だけを聞かせた方がよいという主張もあるのです（Allan, 1985）。

1.　ディクトグロスの手順（第 I 部のおさらい）

①　ある程度まとまりのある英文が数回流れます。

- 1 回目はどんな話かを大まかに聞いてみましょう（**概要把握**）。
- 特に，「いつ・どこで・誰が・何を・なぜ・どのように」したのかという **5W1H**（when, where, who, what, why, how）をよく聞き取っておきましょう（**要点把握**）。
- 2 回目以降は，メモを取りながら聞きましょう。聞こえたことを全部メモするなんて不可能です。この語句を書き取っておけば，あとで話が思い出せる！ という語句を中心にメモを取りましょう（**トップダウン処理能力の活用**）。

②　英文を聞き終わったら，自分が取ったメモから元の英文を復元させていきます。聞こえた元の英文と全く同じでなくても構いません。例えば，John likes to swim in the sea. という英文が聞こえたとします。これを，John likes swimming in the ocean. と復元しても構いません。なぜなら，両方ともほぼ同じ意味を伝えており，文法的にも正しいからです。ディクトグロスのルールの 1 つとして，文法の正しさを重視することが挙げられますので，文を復元するときは，

自分の持っている背景知識，文法知識，経験，推測もフルに活用しましょう（**ボトムアップ処理能力の活用**）。

③　復元が終わったら，元の英文と自分が書いたものを読み比べてみましょう。②で述べたように，全く同じである必要はありませんが，文法や語句の使用が正しいかチェックしましょう。

＊ ディクトグロスは，本来内容的に既習の英文を聞き，ペアやグループでメモを持ち寄り，英文を復元させていきます。もし難しすぎると感じたら，先にスクリプトや解説を読んでから，ディクトグロスをしても構いません。

練習方法のおさらい

英文を聞く。（1 回目は全体を把握，2 回目以降は要点を把握）。
難しい時は，先にスクリプトや解説を見る。

的確にメモを取る。
メモの取り方や量がとても大切！

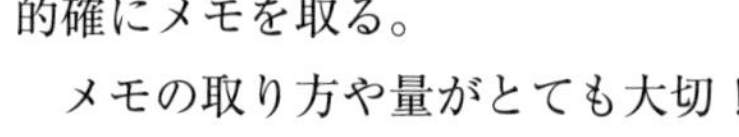

メモや記憶から元の英文を復元する
＜文法の力！＞

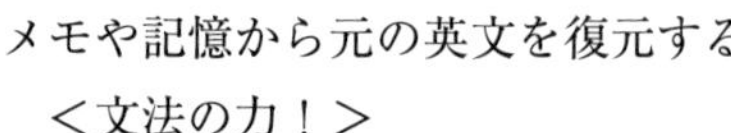

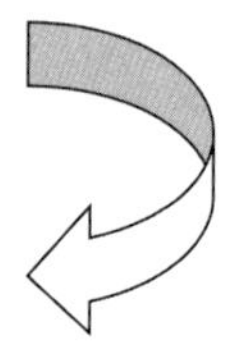

スクリプトと自分の英文を比較してみる
＜自分で気づき直す力！＞

ディクトグロス練習でどんな力が付くの？

英語を聞く力
（リスニング力）

英語をただ聞くのではなくて，目的を持って聞くことが大切です。“どんな話なのか”という概要をつかむことと“細部の情報”の要点をつかむことの両方が必要となってきます。この練習ではメモを取りながら聞くことで，“どこをメモするべきか”ということを考えるので，どんな話で，どこが大切な部分かを聞き分けるリスニング力が付きます。

英語を書く力
（ライティング力）

全く何もないところから英語を書くというのは難しいものです。とは言っても，日本語を英語に直す，いわゆる対訳式の英作文では文型や語彙は学べますが，まとまりのある英文を書く練習とは違います。ディクトグロス練習では，「こんな話」だと耳で聞いたものを，メモを手がかりにして作文していくので，イメージや場面を思い浮かべながらまとまりのある英文を書くライティング力が付きます。

英語を読む力
（リーディング力）

英文を書いたあとは，元の英文モデルと自分が書いたものを読み比べます。モデルを読み，自分の書いたものを読むことで，表現や文法の違いに気を付けながら英文を読むリーディング力を付けることができます。

ノート・テイキング力
（メモを取る力）

英語，日本語に関係なく，“何をメモすればよいか”というのは，学習するうえで，そして日常生活を送るうえで大切な能力です。学校で授業を受けていても，会社で会議に出席していても，メモをするというのは大切ですが，適切にメモするのは難しいことです。ディクトグロスによって，適切にメモを取る力を付けることができます。

英語を話す力
（スピーキング力）

本来スピーキング力は，人間同士が対面してことばを使い，気持ちを通じ合う（コミュニケーションし合う）ことで上達するものです。なので，本の上で，一人で勉強している場合，このような意味でのスピーキング力を付けることは，大きく期待はできません。しかし，その対面コミュニケーションの基礎となる表現の練習や発音練習は，一人でもすることができます。ディクトグロスを通して発音のポイントや表現も練習することができ，それを声に出して練習することで，スピーキングの力の基礎をつけることにつながります。

2. メモの取り方①－要点を上手にメモする練習

ディクトグロスの基本は，効果的にメモを取ることです。聞こえた語句（音）をすべてメモしようとしてはいけません。話の展開に重要な役割を果たし，あとで話を復元させるときに役立ちそうだ，と思う語句のみをメモします。あとで上手に話が復元できるよう，まずはメモの取り方を練習しましょう。

例えば，「ケイコ　雨　傘　忘れた」と日本語のメモがあったとします。このメモからどんな文が想像できますか？ おそらく「ケイコは，雨が降ってきたのに，傘を持ってくるのを忘れた」という文が想像できるでしょう。では次のメモからどんな内容の文が想像できますか？

「降ってきた　持ってくる」

このメモからは，「何が」降ってきたのか，「誰が」「何を」持ってくるのかといった情報がわからないために，元がどのような文だったのか，非常に想像しづらいですね。このように，「誰が」「何を」「どうする（どうした）」などといった，文の意味を左右する語句（要点）を，前述の 5W1H に注意してメモを取る練習をしてみましょう。次の 1 ～ 10 までの英語を聞いて，必要だと思った単語を英語でメモしましょう（英文は何回聞き直しても構いません）。

Track 01

1

2

3

4

5

6

7

8

9

10

流れた例文は以下のとおりです。

1. The weather in Tokyo is very bad today.
（東京の今日の天気はとても荒れています。）
2. I went to the department store last Sunday.
（先週の日曜日に百貨店に行きました。）
3. A lot of kids are playing in the park.
（たくさんの子どもが公園で遊んでいます。）
4. She was waiting for her friends for two hours.
（彼女は友達を 2 時間待っていました。）
5. I enjoyed cooking with my mom yesterday.
（昨日，母親と料理を楽しみました。）
6. My grandmother likes cats and dogs very much.
（私のおばさんは猫と犬がとても好きです。）
7. I have studied English for three years.
（私は 3 年間，英語を勉強しています。）
8. He gave me a nice book to study Japanese.
（彼は私に日本語を勉強するための良い本をくれました。）
9. What my girlfriend said made me angry.
（彼女の言ったことに腹が立ちました。）
10. The doctor advised me not to eat too much.
（医者は私にあまり食べないように言いました。）

さて，どの語句をメモしましたか？ 次のメモの例と自分が取ったメモを比べてみましょう。

1. weather Tokyo bad today
2. I went department store last Sunday
3. kids playing park
4. she waiting friends 2 hours
5. I enjoyed cooking mom yesterday
6. grandmother likes cats dogs
7. I have studied English 3 years
8. He gave me book study Japanese
9. What girlfriend said made me angry
10. doctor advised me not eat much

上のメモは，最大限メモを取れた例です。もちろんまだ慣れていないうちは，メモの数は少ないでしょう。上のメモの共通点は何でしょうか？ 例えば，1. の例文の weather Tokyo bad today は，日本語で言えば「天気・東京・悪い・今日」となり，「東京の今日の天気は悪い」と容易に結び付けることができるでしょう。このような名詞・動詞・形容詞・副詞のように，**実質的な文の意味を左右する内容を含む語のことを「内容語」**と言います。それと比べて 1 の例文でメモの例にない the や in のような冠詞・前置詞・代名詞・接続詞・助動詞は，**文法的な関係を表し，それ自体にはメッセージ性の強くない「機能語」**と呼ばれます。天気には the が付き，東京という場所には in が付くことは，あとで文法知識から考えることができます。さらに，内容語であっても is（be 動詞）が必要だとか，天気がどの程度悪いかを very（副詞）で表すのを，あとで考えても書けるのです。したがって，メモは内容語に絞り，更にその中でも重要な内容語に限定してメモを取れるようにしましょう。

3. メモの取り方②－略語を上手に使ってメモする練習

前節ではどのような語句をメモすればよいのかを学びました。しかし，音声的に速く読まれる言語である英語では，必要な語を完全な**スペリング**★

(spelling) でメモするのはとても難しいことです。ここでは，**略語** (abbreviation) を使ってメモを取る練習をしましょう。例えば，

There are five people on the bus.

という英語が聞こえてきたとします。前節で練習したように，内容語，例えば，数字 (five)，文章の主役 (people)，場所・時間 (bus) などを表す語句を的確にメモしましょう。しかし，five　people　bus ときちんとメモしていると時間がかかります。そこで，five → 5 と算用数字を使ったり，people → ppl などと略語を使ったりしてみましょう。次の表に主に使われる略語を載せてありますので，これを上手に使ってメモを取る練習をしてください。次の例のように，dictionary を dic と省略するなど，上手に省略しましょう。

ppl (people)	U (you)	cuz (because)
r (are)	g8 (great)	dic (dictionary)
CU (see you)	gf (girlfriend)	Mon (Monday)
sta (station)	sc (school)	Jan (January)
bro (brother)	B (be 動詞)	4 (for)
gonna (going to)	wanna (want to)	DK (don't know)
pic (picture)	JPN (Japan)	US (America)

★ **スペリング** (spelling)

よく「スペル」ということばを日本語で耳にしませんか？「スペルミス」などがその例です。しかし正しくは，「スペリング」と言います。綴りを尋ねたいときは，

What's the spelling of that?

と言うか，動詞で使う場合は，

How do you spell that?

と言うことができます。ちなみに，「スペル」(spell) という名詞は，「呪文」という意味なので，気を付けましょう。

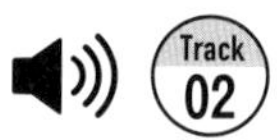

英語を聞いて**略語を使って**メモしてみよう（英文は何回聞き直しても構いません）。

1

2

3

4

5

6

7

8

9

10

流れた英語は以下のとおりです。

1. I was in the library yesterday.
(私は昨日，図書館にいました。)
2. They are waiting for you at the station.
(彼らはあなたを駅で待っていました。)
3. My brother was playing table tennis with his girlfriend.
(兄は彼女と卓球をしていました。)
4. My sister and I enjoyed a great dinner at a restaurant.
(姉と私はレストランでおいしい夕食を楽しみました。)
5. I had to study Japanese history for the test.
(テストのために日本史を勉強しなくてはなりませんでした。)
6. My father and mother gave me a watch for my birthday.
(父と母は，誕生日のお祝いに，私に時計をくれました。)
7. I'm going to Sapporo Snow Festival in February.
(私は 2 月にさっぽろ雪まつりに行く予定です。)
8. Kate loves Japan because the food is great.
(ケイトは，食べ物がおいしいので，日本が好きです。)
9. Let's meet at the station.
(駅で会いましょう。)
10. I don't know where hippos live.
(カバがどこに住んでいるか私は知らない。)

さて，どんな略語を使って単語をメモしましたか？ 次のメモの例と自分が取ったメモを比較してみましょう。

1　I　B　lib　yes

2　they　r　wait　4U　sta

3　bro　B play　TT　gf

4　sis　I　enj　g8　dinn　resta

5　I　had　to　stu　JPN　h　4　test

6　dad　mom　gav　me　watch　4　bir

7　I　gonna　SSF　Feb

8　K　love　JPN　cuz　food　B　g8

9　let’s　meet　sta

10　I　DK　where　hippo　live

上手にメモを取る方法のまとめ

1. 名詞・動詞・形容詞・副詞といった**文の意味を左右する語句（内容語）**を中心にメモしよう。

2. 「いつ・どこで・誰が・何を・なぜ・どのように」といった 5W1H に気を付けて，**概要**をまずつかもう。そして，**要点**を上手に聞き取ってメモしていこう。

3. **数字や時間**，**場所**はあとで大切な情報となるので，確実にメモしておこう。

4. **略語**を上手に使って効率よくメモしよう。

ディクトグロスの成績を記録していこう！

ディクトグロスでどれだけメモが取れたか，そしてどんな語句をメモしたのか，元の文章はどれくらい上手に復元できたのか（復元できた割合），何が新しくわかったのか（気づいたこと）などを記録して，自己の成長を実感しましょう。本書は，ディクトグロスのメモや復元文などが書き込めるようになっています。本に書き込みをしたくないという方もいると思いますが（筆者はよく「保存用」と「書き込み用」の 2 冊を買ったりします），その書き込みこそが，みなさんがディクトグロスを実践した証，つまり成長の記録となるのです。

第4章　いよいよディクトグロスらしく

1.　短い英文を聞く練習①—1文を聞く練習

いよいよディクトグロスの練習に入っていきましょう。最初は短めの英文を聞いて，メモを取り，モデルの英文と比べてみる練習をします。そのあとモデルの英文を，音読や書写（書き写）してみましょう。1文を書き取るものにはディクテーションという練習があります。しかし，ディクテーションとは異なり，ディクトグロスは大切な語句だけをメモし，あとで復元することに意味があります。したがって，**全部を書き取ろうとはせずに，英文の中心となる語をメモするようにし**ましょう。**あえて全部メモしようとしない**ことが大切なのです。この練習では，1回目は概要をつかむためにメモを取らずに聞き，2回目でメモを取りましょう（音声が流れるのは2回）。

1 Track 03

● 英語を聞いて必要なことをメモしよう。

● メモから元の英文を復元させよう。（目安 1 分）

● もう一度英語を聞いてみよう。英語を聞いて直せるところがあったら自分で訂正しよう。（目安 1 分）

● モデルの英文を見て，自分が書いた英文と比べ，直せる部分は赤ペンで直しましょう。

● モデルの英文を，意味を確かめながら，書写・音読しよう。

○ モデルの英文

Let's start the party when he comes.

○ メモの例

let's　start　party　when　he　come

○ 自分が書いた英文のここをチェックしよう。

- Let's（大文字）から始まっているので，「～しましょう」と勧誘する文ですね。（「勧誘」するときは他にどのような表現がありますか？）
- Let's のあとは，動詞の原形（現在形の動詞に s などが付いていない形）です。
- party は名詞なので，the を付けよう。
- he のあと，現在形の動詞には s が付くという文法知識（三人称単数現在）を活用しよう。

2 Track 04

● 英語を聞いて必要なことをメモしよう。

● メモから元の英文を復元させよう。（目安１分）

● もう一度英語を聞いてみよう。英語を聞いて直せるところがあったら自分で訂正しよう。（目安１分）

● モデルの英文を見て，自分が書いた英文と比べ，直せる部分は赤ペンで直しましょう。

● モデルの英文を，意味を確かめながら，書写・音読しよう。

○ モデルの英文

I went to the library to borrow a dictionary.

○ メモの例

I　went　lib　borrow　dic

○ 自分が書いた英文のここをチェックしよう。

- went to の「音のつながり」に注意しよう。「ウェントトュー」ではなく，「ウェントゥー」と変化して聞こえます。
- 「～へ」という意味の to を忘れずに書けましたか？ go（went）のように，動詞そのものに「～を・～に・～へ」という意味を含まず，目的語を必要としない動詞のことを「**自動詞**」（intransitive verb）と言い，うしろに前置詞＋名詞がくることが一般的です。一方で，目的語がないと意味が完成しない動詞を「**他動詞**」（transitive verb）と言います。

3 Track 05

● 英語を聞いて必要なことをメモしよう。

● メモから元の英文を復元させよう。（目安 1 分）

● もう一度英語を聞いてみよう。英語を聞いて直せるところがあったら自分で訂正しよう。（目安 1 分）

● モデルの英文を見て，自分が書いた英文と比べ，直せる部分は赤ペンで直しましょう。

● モデルの英文を，**意味を確かめながら**，書写・音読しよう。

○ モデルの英文

I can't see you with tears.

○ メモの例

I　can't　CU　tears

○ 自分が書いた英文のここをチェックしよう。

- CU（see you）という略語は使えましたか？
- with tears「涙で」

4 Track 06

● 英語を聞いて必要なことをメモしよう。

● メモから元の英文を復元させよう。（目安１分）

● もう一度英語を聞いてみよう。英語を聞いて直せるところがあったら自分で訂正しよう。（目安１分）

● モデルの英文を見て，自分が書いた英文と比べ，直せる部分は**赤ペン**で直しましょう。

● モデルの英文を，**意味を確かめながら**，書写・音読しよう。

○モデルの英文

All the roads in the city are covered with a lot of snow.

○メモの例

all　roads　city　r　covered　snow

○自分が書いた英文のここをチェックしよう。

・道路（roads）や市（city）は名詞なので，特定化する the を付け，道路は１本ではないので複数形の s を付けます。また，be 動詞は主語が複数なので are とします。持っている文法知識を活かしていきましょう。

・be covered with ～「～で覆われている」

・雪は数えられない名詞（不可算名詞）なので a lot of（much）を使います。

5 Track 07

● 英語を聞いて必要なことをメモしよう。

● メモから元の英文を復元させよう。（目安 1 分）

● もう一度英語を聞いてみよう。英語を聞いて直せるところがあったら自分で訂正しよう。（目安 1 分）

● モデルの英文を見て，自分が書いた英文と比べ，直せる部分は**赤ペンで**直しましょう。

● モデルの英文を，**意味を確かめながら**，書写・音読しよう。

○ モデルの英文

I don't know where his brother lives.

○ メモの例

I　DK　where　his　bro　lives

○ 自分が書いた英文のここをチェックしよう。

- DK (don't know), bro (brother) という略語は使えましたか？
- I don't know のうしろに続く場合，where S + V の語順になるので注意。（→ 比較 Where are you? [V + S]　I don't know where you are. [where S + V]）

2.　短い英文を聞く練習②—前後関係のある文を聞く練習

英語を聞いてメモをすることに慣れてきましたか？ 次は前後関係のある文を聞く練習をします。前後関係を表す語に注意してディクトグロスの練習をしてみましょう。ディクテーションとは違って，文と文のつながり，つまりストーリー展開をつかむ練習ができるのもこのディクトグロスの特徴です。この練習でも，1回目は概要をつかむためにメモを取らずに聞き，2回目でメモを取りましょう（音声が流れるのは2回）。

1 Track 08

● 英語を聞いて必要なことをメモしよう。

● メモから元の英文を復元させよう。（目安２分）

● もう一度英語を聞いてみよう。英語を聞いて直せるところがあったら自分で訂正しよう。（目安２分）

● モデルの英文を見て，自分が書いた英文と比べ，直せる部分は**赤ペン**で直しましょう。

● モデルの英文を，**意味を確かめながら**，書写・音読しよう。

○ モデルの英文

He didn't know what to do. That's why I helped him.

○ メモの例

he DK what to do that's why I help him

○ 自分が書いた英文のここをチェックしよう。

- That's why ～（だから～した）に注目できましたか？
- That's why の前後が，因果関係になっていますね。

2 Track 09

● 英語を聞いて必要なことをメモしよう。

● メモから元の英文を復元させよう。(目安2分)

● もう一度英語を聞いてみよう。英語を聞いて直せるところがあったら自分で訂正しよう。(目安2分)

● モデルの英文を見て，自分が書いた英文と比べ，直せる部分は**赤ペンで**直しましょう。

● モデルの英文を，**意味を確かめながら**，書写・音読しよう。

○ モデルの英文

I wasn't able to buy the book because I didn't have enough money.

○ メモの例

I B not able buy book cuz not have money

○ 自分が書いた英文のここをチェックしよう。

・because を cuz と省略できましたか？

・2文のつながりが，原因と結果になっていることに気づきましたか？

3 Track 10

● 英語を聞いて必要なことをメモしよう。

● メモから元の英文を復元させよう。（目安２分）

● もう一度英語を聞いてみよう。英語を聞いて直せるところがあったら自分で訂正しよう。（目安２分）

● モデルの英文を見て，自分が書いた英文と比べ，直せる部分は**赤ペン**で直しましょう。

● モデルの英文を，**意味を確かめながら**，書写・音読しよう。

○ モデルの英文

If I were free now, I would read many books. However, I can't do that because I'm very busy.

○ メモの例

if I B free read book however can't do cuz busy

○ 自分が書いた英文のここをチェックしよう。

・仮定法（現実ではありえないこと，事実とは異なる仮定）をうまく理解できましたか？ 1 文目は仮定法（were, would）が使われており，2 文目は現実を述べているので，現在形になっていますね。

4 Track 11

● 英語を聞いて必要なことをメモしよう。

● メモから元の英文を復元させよう。（目安２分）

● もう一度英語を聞いてみよう。英語を聞いて直せるところがあったら自分で訂正しよう。（目安２分）

● モデルの英文を見て，自分が書いた英文と比べ，直せる部分は**赤ペン**で直しましょう。

● モデルの英文を，**意味を確かめながら**，書写・音読しよう。

○ モデルの英文

Don't make any noise, otherwise the baby sleeping next door will wake up.

○ メモの例

don't make noise otherwise baby sleeping next door wake up

○ 自分が書いた英文のここをチェックしよう。

- この英文も２文の関係に注目しよう。前半は「もし～すると」で，後半は「そうしないと～になる」という関係になっていますね。
- otherwise「さもないと」
- そもそも音声では otherwise の前にカンマ（ , ）があることは，ちょっとしたポーズを気にするしかありませんが，そこは文法の知識を活用して，あとで復元するときにカンマが必要ではないかと考えて判断します。

5 Track 12

● 英語を聞いて必要なことをメモしよう。

● メモから元の英文を復元させよう。(目安 2 分)

● もう一度英語を聞いてみよう。英語を聞いて直せるところがあったら自分で訂正しよう。(目安 2 分)

● モデルの英文を見て，自分が書いた英文と比べ，直せる部分は**赤ペンで**直しましょう。

● モデルの英文を，**意味を確かめながら**，書写・音読しよう。

○ モデルの英文

You should believe your brother whether what he said is true or not.

○ メモの例

you should believe bro whether what said true not

○ 自分が書いた英文のここをチェックしよう。

- whether A or not「A であろうとなかろうと」
- 「〜こと」という意味の，先行詞をとらない関係代名詞 what はうまく使えましたか？

3. ターゲットの文法や重要表現に注意を向ける練習

ディクトグロスで大切なことは，すべてに意識を集中させるのではなく，内容的に重要な部分，そしてそれを基に英文を復元させるときに，文法や重要な表現に注意を向けることでした。本節では，短い英文を使って，文法や重要な表現に注意を向ける練習をしていきましょう。2 文からなる英語が流れますが，**文法や重要な表現の箇所ではブザー音がなります**。そのブザー音以外で，内容的に重要な部分だと思う語句をメモし，英文を復元する過程で，ブザー音が流れたところにくる文法や表現を推測してみましょう (Kidd, 1992 を改変)。

（例）　流れる英文

Mike belongs to the tennis club. He ■ playing tennis in the court now.　注）■ の部分がブザー音

→ メモの例

Mike belong tennis playing court now

→ 復元の例

Mike belongs to the tennis club. He <u>is</u> playing tennis in the court now.

“now” という語から，「be＋V-ing（いま〜しているところ）」と，進行中の出来事を表現する言い方になるはずだと考え，意味から必要な文法の形を推測するのがポイントです。では，練習を始めましょう（音声が流れるのは 2 回）。

STEP 1

英語を聞いて重要だと思う語だけメモしてみよう。

1

2

3

4

5

6

7

8

9

10

STEP 2

メモを基に，ブザー音が流れた文法や重要な表現を推測して，英文を復元してみよう。

1

2

3

4

5

6

7

8

9

10

まず耳だけで，ブザー音が流れた文法や重要な表現の推測が正しかったか聞いて確認してみよう（英文は何回聞き直しても構いません）。

流れた英文は次のとおりです（網掛けはブザー音）。

1. He belonged to the music club, but now, he belongs to the art club.（時制）

2. She will retire next month. She will have been working for 40 years.（未来完了進行形）

3. It's almost nine p.m. He should be back at home by now.（助動詞）

4. Did you read the article? It is written by Professor Tanaka.（受動態）

5. I want to go to the library. I need to borrow a book to study French.（不定詞－名詞的用法）

6. She borrowed a thick book from the library. She finished reading it in just one day.（動名詞）

7. Jim is the tallest in his class. No one is taller than he.（比較）

8. I like this picture. I like the painter who painted it.（関係代名詞）
* that も可

9. Can you see the house over there? That is the house where I lived for ten years.（関係副詞）　* in which も可

10. I don't have much money this month. If I had enough money, I could buy a new computer.（仮定法）　* would も可

第5章　ディクトグロス練習

1.　少し長い英文を聞く練習 ── 重要な文法・構文を含む英文

では，ディクトグロスのためのメモ取りに慣れてきたところで，少し長い英文を聞く練習をしてみましょう。練習のやり方はこれまでと同じです。途中に鍵となる文法（target grammar）が含まれているので，意味を考えながら聞き，英語の言語形式にも注意してみましょう。この練習では，1回目はメモを取らずに聞いて概要をつかみ，2回目，3回目でメモを取りましょう（音声が流れるのは3回）。

1 Track 15

● 英語を聞いて必要なことをメモしよう。

● メモから元の英文を復元させよう（目安 5 分）。

● もう一度英語を聞いてみよう。英語を聞いて直せるところがあったら自分で訂正しよう。（目安 3 分）

● モデルの英文を見て，自分が書いた英文と比べ，直せる部分は**赤ペン**で直しましょう。

● モデルの英文を，**意味を確かめながら**，書写・音読しよう。

○モデルの英文（現在完了形：継続・経験）

> I've put on some weight recently. Actually, I have never weighed this much in my life. I have to exercise more.

○メモの例

> I've put on weight actually have never weigh much have to exercise

○文法のここをチェックしよう。

〜現在完了形はどのような場面で使うの？〜

過去のある時点で始まったことが，現在と何らかの形でつながっていることや，それが今まさにしている最中であることを強調するとき

Quick Check　I (live/have lived) here since I was a child.

○次の場面を読んで，現在完了形を使って英語で表現してみよう。

（解答例は p. 174）

(1)　[場面]「いつから英語を習ってきたの？」と尋ねる友人に，自分の英語学習歴を伝えてください（どれくらい「継続」して英語を勉強してきているかは自分のことを当てはめる）。

(2)　[場面] 友人から誕生日に，欲しかった物をもらって，こんな素敵なプレゼントをもらった「経験」がないことを伝えてください。

2 Track 16

● 英語を聞いて必要なことをメモしよう。

● メモから元の英文を復元させよう（目安 5 分）。

● もう一度英語を聞いてみよう。英語を聞いて直せるところがあったら自分で訂正しよう。（目安 3 分）

● モデルの英文を見て，自分が書いた英文と比べ，直せる部分は**赤ペン**で直しましょう。

● モデルの英文を，**意味を確かめながら**，書写・音読しよう。

○モデルの英文（助動詞）

Can you tell me the truth? If someone asks me this question, I will do so without a doubt. To be honest must be the most important thing in my life.

○メモの例

can U tell me truth if someone ask me question will do without doubt honest must B most important life

○文法のここをチェックしよう。

～助動詞はどのような場面で使うの？～

動詞に意味を付け加えて，気持ちや判断などの意味を広げたいとき

Quick Check　I (run/can run) fast.

○次の場面を読んで，助動詞を使って英語で表現してみよう。

（解答例は p.174）

(1)　［場面］「できなかったらどうしよう」と悩む友人に，「あなたならできる！」と励ます気持ちを伝えてください。

(2)　［場面］遠慮してなかなかお菓子に手をつけないお客さんに「美味しいから絶対に食べて」と強く勧めてください。

3 Track 17

● 英語を聞いて必要なことをメモしよう。

● メモから元の英文を復元させよう（目安 5 分）。

● もう一度英語を聞いてみよう。英語を聞いて直せるところがあったら自分で訂正しよう。（目安 3 分）

● モデルの英文を見て，自分が書いた英文と比べ，直せる部分は**赤ペン**で直しましょう。

● モデルの英文を，**意味を確かめながら**，書写・音読しよう。

○モデルの英文（受動態）

This tower was built more than 60 years ago. It is painted red and white and lit up at night. What is this tower called?

○メモの例

tower B built 60 y ago painted red white lit up night what B tower called

○文法のここをチェックしよう。

～受動態はどのような場面で使うの？～

行為をする側よりも，受ける側に焦点を当てて述べるとき

Quick Check This library (built/was built) 50 years ago.

○次の場面を読んで，受動態を使って英語で表現してみよう。

（解答例は p. 174）

(1) ［場面］廊下をたまたま通ったときに，窓ガラスが割れているのを見つけたので，先生に伝えてください（誰が割ったかわからない）。

(2) ［場面］郵便局で手紙を差し出すときに，いつ届く（配達される）のかを尋ねてください。

4 Track 18

● 英語を聞いて必要なことをメモしよう。

● メモから元の英文を復元させよう（目安 5 分)。

● もう一度英語を聞いてみよう。英語を聞いて直せるところがあったら自分で訂正しよう。(目安 3 分)

● モデルの英文を見て，自分が書いた英文と比べ，直せる部分は**赤ペン**で直しましょう。

● モデルの英文を，**意味を確かめながら**，書写・音読しよう。

○モデルの英文（不定詞①）

It is healthy exercise to walk. However, it is difficult for some people to do it every day. So, you should find some way to exercise easily in your everyday life.

○メモの例

healthy exercise walk however difficult people to do every day you should find way exercise easily everyday life

○文法のここをチェックしよう。

～不定詞の名詞的・形容詞的用法はどのような場面で使うの？～

動詞の性質と意味を残しながら，文中で名詞・形容詞の働きで使いたいとき

Quick Check　She likes (to read / read) books.

○次の場面を読んで，不定詞を使って英語で表現してみよう。

（解答例は p. 174）

(1)　[場面] 今月の目標を先生に聞かれたので，「○○に挑戦（try）します！」と伝えてください（○○は自分で考えること）。

(2)　[場面] コンビニエンスストアに行く友人に，「何か欲しいものない？」と聞かれたので，「何か飲み物が欲しい」と伝えてください。

5 Track 19

● 英語を聞いて必要なことをメモしよう。

● メモから元の英文を復元させよう（目安 5 分）。

● もう一度英語を聞いてみよう。英語を聞いて直せるところがあったら自分で訂正しよう。（目安 3 分）

● モデルの英文を見て，自分が書いた英文と比べ，直せる部分は**赤ペン**で直しましょう。

● モデルの英文を，**意味を確かめながら**，書写・音読しよう。

○ モデルの英文（不定詞②）

She got up early so as <u>not to miss</u> the first train, but she wasn't successful. <u>To kill time</u> until the next train, it was necessary for her <u>to find</u> a place to drink or read a book.

○ メモの例

she got up not miss first train but B not successful kill time next train necessary find place drink read book

○ 文法のここをチェックしよう。

～不定詞の副詞的用法はどのような場面で使うの～

動詞の性質と意味を残しながら，文中で副詞の働きで使いたいとき

Quick Check　Junko went to the store (buy / to buy) some books.

○次の場面を読んで，不定詞を使って英語で表現してみよう。

（解答例は p. 174）

(1)　［場面］「なぜそんなに頑張るの？」と聞いてくる恋人に，「君を幸せにするためだよ」と伝えてください。

(2)　［場面］弟から英語の勉強を頑張っている目的を聞かれたので，兄としてカッコよく，英語を学ぶ目的を伝えてください（英語を学ぶ目的は，自分のことを考えて当てはめる）。

6 Track 20

● 英語を聞いて必要なことをメモしよう。

● メモから元の英文を復元させよう（目安 5 分）。

● もう一度英語を聞いてみよう。英語を聞いて直せるところがあったら自分で訂正しよう。（目安 3 分）

● モデルの英文を見て，自分が書いた英文と比べ，直せる部分は**赤ペン**で直しましょう。

● モデルの英文を，意味を確かめながら，書写・音読しよう。

○モデルの英文（動名詞）

Learning a foreign language is difficult. However, we can find a fun way to do it, such as watching English movies, singing English songs, and talking with foreign friends.

○メモの例

learning foreign language difficult however we can find fun do watching English movie singing English songs talking foreign friend

○文法のここをチェックしよう。

～動名詞はどのような場面で使うの？～

動詞の性質と意味を残しながら，文中で主語や目的語として，または前置詞のあとの目的語として，名詞の働きで使いたいとき

Quick Check　(See / Seeing) is believing.

○次の場面を読んで，動名詞を使って英語で表現してみよう。

（解答例は p. 174）

(1)　［場面］スポーツに興味があるという友達に，「興味があるのは，観る方？ それともする方？」と尋ねてください。

(2)　［場面］最近楽しいことがないなあ，と嘆(なげ)く友人に，自分が最近楽しんでいることを伝えてください（「楽しんでいること」の内容は自分で考えること）。

7 Track 21

● 英語を聞いて必要なことをメモしよう。

● メモから元の英文を復元させよう（目安 5 分）。

● もう一度英語を聞いてみよう。英語を聞いて直せるところがあったら自分で訂正しよう。（目安 3 分）

● モデルの英文を見て，自分が書いた英文と比べ，直せる部分は**赤ペンで**直しましょう。

● モデルの英文を，**意味を確かめながら**，書写・音読しよう。

○モデルの英文（S＋V＋O＋分詞）

Having finished my hair cut at the barbershop yesterday, I went out of the shop and saw my brother crossing the road. I called him, but he didn't notice. I asked him why he didn't answer after he came back home. He said, "I heard my name called from the distance, but I didn't notice you because of your new hairstyle.

○メモの例

finished my hair cut barbershop yes I went out saw bro crossing road I called him but he didn't notice I asked why after back home he said heard name called distance didn't notice you cuz new hairstyle

○文法のここをチェックしよう。

～分詞（S＋V＋O＋分詞）はどのような場面で使うの？～

目的語（人やもの）の動いている様子や，一時的な状態を伝えるとき

Quick Check　Her eyes remain (close / closed).

○次の場面を読んで，分詞を使って英語で表現してみよう。

（解答例は p. 174）

(1)［場面］友人と歩いていて，誰かがその友人の名前を呼ぶのが聞こえたので，そのことを伝えてください。

(2)［場面］「担任の先生を見なかった？」と尋ねるクラスメイトに，先生が会議室に入って行ったのを一瞬見たことを伝えてください。

8 Track 22

● 英語を聞いて必要なことをメモしよう。

● メモから元の英文を復元させよう（目安 5 分）。

● もう一度英語を聞いてみよう。英語を聞いて直せるところがあったら自分で訂正しよう。（目安 3 分）

● モデルの英文を見て，自分が書いた英文と比べ，直せる部分は**赤ペン**で直しましょう。

● モデルの英文を，**意味を確かめながら**，書写・音読しよう。

○ モデルの英文（比較）

On Earth, we have land and water. The water present on Earth is three times more than the land. The land covers 30% of the Earth and the water covers 70% of the Earth. So, the worse the marine environment gets, the worse our living environment will be.

○ メモの例

earth land water water present earth 3 times more land land cover 30% earth water cover 70% earth worse marine environment get worse living environment B

○ 文法のここをチェックしよう。

～比較はどのような場面で使うの？～

「ある基準」に従って，2つ以上の人や2つ以上のものを比べるとき

Quick Check　Mt. Fuji is (higher/high) than Mt. Tsukuba.

○次の場面を読んで，比較級を使って英語で表現してみよう。

（解答例は p. 174）

(1)　［場面］隣の子が持っているカバンが，自分のより倍も大きいことを伝えてください。

(2)　［場面］「英語がなかなか上手にならない」と嘆く友人に，「○○すればするほど，英語を聞くのが楽になるよ」とアドバイスしてください（○○は自分で考えること）。

9 Track 23

● 英語を聞いて必要なことをメモしよう。

● メモから元の英文を復元させよう（目安 5 分）。

● もう一度英語を聞いてみよう。英語を聞いて直せるところがあったら自分で訂正しよう。（目安 3 分）

● モデルの英文を見て，自分が書いた英文と比べ，直せる部分は**赤ペン**で直しましょう。

● モデルの英文を，**意味を確かめながら**，書写・音読しよう。

○モデルの英文（関係詞）

> I have a friend who knows a lot about Japanese anime in Singapore where a lot of Japanese anime fans live. She and I watched the anime movie that won the Academy Award for Best Picture.

○メモの例

> I have friend who know JPN anime SG where fans live she & I watched anime movie won academy award for best pic

○文法のここをチェックしよう。

～関係詞はどのような場面で使うの？～

人やもののあと，または場所や時間，理由のあとに情報を加えることでそれを詳しく説明するとき

Quick Check　I have a friend (who/which) lives in Kanazawa.

○次の場面を読んで，関係詞を使って英語で表現してみよう。

（解答例は pp. 174–175）

(1)　［場面］友人自慢をしているときに，自分にはオリンピックに出た友達がいることを伝えてください。

(2)　［場面］外国の友達に，あなたが住んでいる街について聞かれたので，どんな規模で，何が有名かを伝えてください（自分の住んでいる街について語ること）。

10 Track 24

● 英語を聞いて必要なことをメモしよう。

● メモから元の英文を復元させよう（目安 5 分）。

● もう一度英語を聞いてみよう。英語を聞いて直せるところがあったら自分で訂正しよう。（目安 3 分）

● モデルの英文を見て，自分が書いた英文と比べ，直せる部分は**赤ペン**で直しましょう。

● モデルの英文を，**意味を確かめながら**，書写・音読しよう。

○モデルの英文（仮定法）

> If I <u>had</u> time, I <u>could go</u> to the movie with you. I'm so sorry I can't do it. I <u>wish I had done</u> my homework earlier yesterday.

○メモの例

> I had time could go movie you sorry I can't I wish had done homework earlier yest

○文法のここをチェックしよう。

～仮定法はどのような場面で使うの？～

現実の世界とは異なる仮定や，かなわない願望などを伝えるとき

Quick Check If I (am/were) a bird, I (can/could) fly in the sky.

○次の場面を読んで，仮定法を使って英語で表現してみよう。

（解答例は p. 175）

(1)［場面］お金がなくて，出かけられない（本当は出かけたい）ことを相手に伝えてください。

(2)［場面］テレビゲームがなかなかやめられない（本当はもうやめないといけないのだけど）という気持ちを伝えてください。

「表現してみよう」の解答例

(注) スラッシュ (/) は言い換え可能を示す。

1 (1) I have studied/have been studying English for six years. (下線部は自分の年数)

(2) I have never got such a wonderful present on my birthday.

2 (1) I'm sure you can do it!/You can do it!

(2) You must eat it. It is very delicious.

3 (1) The window is broken.

(2) When will this letter be delivered?

4 (1) I'll try to watch English movies every day. (下線部は自分の考え)

(2) Something to drink, please./I want something to drink.

5 (1) To make you happy!

(2) I study English very hard to work at the United Nations in the future. (下線部は自分の考え)

6 (1) Which are you interested in, watching sports or playing sports?

(2) I enjoy taking care of pet cats every day. (下線部は自分の考え)

7 (1) I heard your name called (somewhere)./I heard someone calling your name (somewhere).

(2) I saw our homeroom teacher entering/going into the meeting room.

8 (1) Your bag is twice as big as mine!

(2) The more vocabularies you memorize, the easier you can listen to English. (下線部は自分の考え)

9 (1) I have a friend who took part/participated in the Olympic

Games.

(2) I live in a middle city where/in which a lot of historical buildings attract many foreign sightseers.
（下線部は自分の考え）

10 (1) If I had enough money, I could hang out with you.
(2) I wish I could stop playing the video game.

2. 長い英文を聞く練習―ディクトグロス練習

では，いよいよ長い英文を聞く練習をしましょう。練習のやり方は「少し長い英文を聞く練習」と同じです。上手にメモを取れるかどうかが勝負ですよ。この練習でも，1 回目で概要をつかみ，2 回目，3 回目でメモを取りましょう（音声が流れるのは 3 回）。もし難しすぎると感じた場合は，先にスクリプトや解説を見てからでも構いません。ディクトグロスのあとには，学んだことを定着させるための仕掛けが次のように用意されています。

○ 文法のここをチェックしよう。

ディクトグロスの英文中に出てきた重要文法について解説がされています。文法の概念や，どんなときに使う「働き」を持ったことばなのか，ことばの「機能」を理解しよう。

○ 練習問題（アルファベットの問題）

文法の概念や，どんなときに使う働きを持ったことばなのかを体感するための問題が用意されています。

○ 話の続きを読んでみよう

ディクトグロスの英文の続きが載せられています。ディクトグロスで読んだ話がどんな展開になるのか，楽しく読んでみよう。

○ 自分だったらどうする？

ディクトグロスの英文内容について，自分のことに置き換えてみましょう。あなたならどうしますか？ あなたなら何と言いますか？

○ Further Try!（算用数字の問題）

文法を言語形式のトレーニングという面から鍛えていきましょう。Let's challenge! では，場面に合わせてターゲットの文法を適切に使ってみましょう。

1　Track 25

● 英語を聞いて必要なことをメモしよう。

● メモから元の英文を復元させよう（目安 6 分）。

● もう一度英語を聞いてみよう。英語を聞いて直せるところがあったら自分で訂正しよう。（目安 3 分）

● モデルの英文を見て，自分が書いた英文と比べ，直せる部分は**赤ペン**で直しましょう。

● モデルの英文を，**意味を確かめながら**，書写・音読しよう。

○モデルの英文（時制）

Masakazu and Mike are good friends. One day, they decided to go out together. They wanted to meet at the station at 2 p.m. Mike took a train to get to the station where they were meeting. He reached the station 5 minutes before 2 p.m. There were a lot of people around there. He managed to find a space on a bench to sit down. He thought, "I'm afraid I won't be able to see Masakazu easily in the crowd."

○文法のここをチェックしよう。～時制とは？～

時制とは，物事が起きた時間，いつそのような状態であったのかを表す動詞の形です。基本的には，過去・現在・未来の 3 つがあり，それぞれに進行形・完了形があります。

（以下の解答は p. 227）

A. 次の（　　）内の動詞を適する形にしましょう。

(1) I (study) English every day.

(2) I (study) English yesterday.

(3) I (study) English tomorrow.

Point! A の問題のように"適する形にする"のは単語の数が増えてもよい。every day，yesterday，tomorrow と時間を表すことばに注目。

B. 次の（　　）内の動詞を適する形にしましょう。

(1) I (study) English now.

(2) I (study) English then.

(3) I (study) English at this time tomorrow.

Point! 適切な時制を選び，さらに進行形にします。

C. 次の（　　）内の動詞を適する形にしましょう。

(1) The earth (go) around the sun.

(2) I (live) in Kanazawa now.

(3) We (watch) TV yesterday.

(4) I (send) e-mail tomorrow.

Point! 「不変の真理」は現在形で表します。

（　現在　）

過去　↓　未来

・現在の習慣的な行為
・現在の状態
・不変の真理 ＝ ずっと変わらない事実

この話の続き

Unfortunately, his mobile phone had run out of battery, so he had no way of communicating with Masakazu at that time. He thought, "If Masakazu calls me, he won't be able to contact me because of my battery."

15 minutes passed after he had arrived, but he could not find Masakazu. He was worried that Masakazu was looking for him in the crowd and would become angry with him. He tried very hard to find Masakazu. Although he tried his best, he couldn't him. He made up his mind to tell a lie.

Little did Mike know that Masakazu had not reached the station yet. He was still on the train. He left his home late and missed the train. He thought, "I'm afraid that Mike will be angry with me." He thought he should tell Mike the truth, but he wasn't brave enough to do so. After all, he reached the station an hour late.

Both of them were looking for each other very hard. They finally saw each other. First, Masakazu said to Mike, "I'm sorry, I tried to find you, but there were so many people here, you know. I couldn't see you easily."

Next, Mike said to Masakazu, "No, I'm sorry. The train I took was delayed. I only got here just now."

They saw that their faces looked guilty. They started to walk and talk together. Masakazu and Mike are good friends and their friendship will surely go on in the future.

<Note> manage to 何とかして～する　run out of battery 電池切れ
make up one's mind ～する決心をする　delay（電車やバスなどの）遅れ

自分だったらどうする？

あなたは，この話に登場するマサカズやマイクのように，待ち合わせがうまくいかなかった経験はありますか。また，どうしたら友人との待ち合わせがうまくいくと思いますか？ 自分の経験や考えを英語で書きましょう。

Further Try! （以下の解答は p.227）

1. 適する動詞を選び，正しい形にして（　　）に入れましょう。

(1) We (　　　) a good time yesterday.

(2) Light (　　　) faster than sound.

(3) Mt. Fuji (　　　) between Shizuoka and Yamanashi prefectures.

(4) I (　　　) in love with her at that time.

lie	travel	fall	have

Point! 紛（まぎ）らわしい動詞の変化に注意

（例） lie—lay—lain（～がある）
→ 自動詞＝目的語は必要ない
lay—laid—laid（～を置く）
→ 他動詞＝目的語が必要

2. （　　）内の語句を使って未来を表す文を書きましょう。

(1) We watch a movie. (this afternoon)

____

(2) She visits her uncle. (tomorrow)

____

(3) It rains. (in the evening)

____

(4)　He buys a car. (next month)

____

3.　(　　) 内の動詞を適切な進行形にしましょう。

(1)　Don't make any noise.　The baby (sleep) next door.

(2)　Listen!　Someone (knock) at the door.

(3)　She (clean) her room when I went in.

(4)　I (take) a bath when you called me.

Point!　進行形は，始まりと終わりがはっきりしている**一時的な動作**を表すときに使う。

(例)　I have a lot of friends.

→ 友達がたくさんいる。(始まりと終わりが不明確で一時的ではない) ＝進行形にできない

I am having lunch now.

→ 昼食を食べている。(始まりと終わりが明確で一時的である) ＝進行形にできる

4.　次の (　　) 内の動詞を適する形にしましょう。

(1)　Let's start the party when he (come).

(2)　I don't know when he (come).

Point!　(1) は when 以下を取っても意味が通ります (Let's start our party.)。しかし，(2) は when 以下を取ると "I don't know" となり目的語がなく，「何を」知らないのか意味が通りません。(1) の when 以下のように情報を付け足す役割の副詞節の中では，未来を表す内容でも現在形を使います。

5.　[Let's challenge!] あなたは昨日何をしましたか？ 自分の日記を書くつもりで，「したこと」「感じたこと」など 5 文程度の英語で書きましょう。

....

....

....

....

2 Track 26

● 英語を聞いて必要なことをメモしよう。

● メモから元の英文を復元させよう（目安 6 分）。

● もう一度英語を聞いてみよう。英語を聞いて直せるところがあったら自分で訂正しよう。（目安 3 分）

● モデルの英文を見て，自分が書いた英文と比べ，直せる部分は**赤ペン**で直しましょう。

● モデルの英文を，**意味を確かめながら**，書写・音読しよう。

○モデルの英文（完了形）

> A lot of people have already noticed that the Earth's climate is strange. The impact of global warming has been seen in the oceans. The temperature of the oceans has risen a lot, so the ocean environment is changing. What should we do to stop it?

○文法のここをチェックしよう。～完了形とは？～

完了形には，現在完了形，過去完了形・未来完了形がありますが，それぞれ**現在形・過去形・未来を表す形の1つ**なのです。確かに，現在完了形から完了の文字を取ると，**現在**~~完了~~**形**ですね。では，「完了」とは何のことでしょうか？ 完了とは，“時間がかかる行為が終わった”ことを表します。つまり，現在完了とは，過去から続いてきた時間がかかる行為が“現在（いま)”“完了（終わった)”したということなのです。現在完了形は，現在に重点を置いている**現在形の仲間なので，過去を表す語とは一緒に使えないのです。**

（以下の解答は p.227）

A. 現在完了形は過去の内容と現在の内容がつながっていることを表します。また，過去形は現在と無関係で過去の内容だけを表します。次の絵は，なくした本が見つかった絵とまだ見つからなくて泣いている絵です。次の（あ)，（い）の英語は，それぞれ左か右どっちの絵の内容を表すか答えましょう。

（あ） He lost his book.

（い） He has lost his book.

B. 次の下線部の日本語を英語にすると A＝過去形で書くのが正しいか，それとも B＝現在完了形で書くのが正しいかを記号で答えましょう。

(1) 自転車がパンクした。まだパンクしたままだ。
自転車がパンクした。でも直したから大丈夫。

(2) カメラをなくした。でももう見つかってよかった。
カメラをなくした。どこでなくしちゃったんだろう …

C. (a) と (b) の違いを日本語で説明してみよう。

(1) (a) I've lost my wallet. I can't buy anything.
(b) I lost my wallet, but a kind person found it.

______

(2) (a) I haven't finished my homework yet. I have to do it until midnight.
(b) I couldn't finish my homework. My teacher scolded me.

______

(3) (a) He has gone to Korea.
(b) He went to Korea last year.

______

この話の続き

The Intergovernmental Panel on Climate Change (IPCC) is an association that gives advice or counsel on climate change to each government. They have reported that the average temperature on the earth has risen by 0.6 degrees during the 20th century. The report has also said that most of the causes of global warming are the results of human activities.

We must think of a solution for this. First of all, we must think about how to get rid of air pollution. For traveling to work, a lot of people use their own cars. Some cars are driven by a single driver. However, a bus can carry more than 50 people at a time. This would be a good solution to reduce air pollution.

So, why don't people use a bus instead of their cars? As we have noted, taking a bus is friendlier to the environment. One main reason for this is that we have become accustomed to the convenient life too much. Waiting for the bus is thought to be a waste of time. We should solve this problem. In some cities, when people shop above a certain amount of money, they have got points. The next time they take a bus, they can use the points as a bus fee. In addition, a community bus connects residential streets and downtown. These efforts have attracted more people to take a bus.

The pollution we human beings have made should be reduced by human beings. If we don't try to do that now, we will endanger the future.

<Note> IPCC 気候変動に関する政府間パネル　climate 気候　average temperature 平均気温　get rid of ～を取り除く　air pollution 大気汚染　reduce を減らす　become accustomed to ～に慣れる　the next time [S＋V] 次に～する時に　residential streets 住宅街　downtown 都心部　endanger ～を危険にさらす

自分だったらどうする？

あなたが地球温暖化を食い止めるために，心掛けていることは何ですか？英語で書きましょう。

Further Try!

（以下の解答は p. 227）

1. 下線部に注意して次の英語を日本語にしましょう。

(1) He <u>has lived</u> in Kanazawa since he was born.

____

(2) She <u>has been</u> in the library for three hours.

____

(3)　I have been to Singapore five times.

____

2.　次の（　　）内を正しい形にしましょう。

(1)　I (study) English hard when I was a student.

(2)　I (marry) for twenty years.

(3)　She (come) back just now.

(4)　We (know) each other since we were children.

(5)　When (you come back)? — Last night.

Point!　現在完了形

・意味　(1) 継続「ずっと～している」
　　　　　since（～以来），for（～の間）
　　　(2) 経験「～したことがある」
　　　　　ever（かつて), never（一度もない）
　　　(3) 完了「～してしまった」
　　　　　just（ちょうど），already（すでに）

・形　　have / has + 過去分詞
　　　　注：already などは have と過去分詞の間に

3.　[Let's challenge!] あなたはどのくらいの間，今の街に住んでいますか。その街に住んでいて，経験したこと，学んだこと，わかったことなどを，クラスで発表するための原稿を，現在完了形を含む 30 語程度の英語で書きましょう。

3 Track 27

● 英語を聞いて必要なことをメモしよう。

● メモから元の英文を復元させよう（目安８分）。

● もう一度英語を聞いてみよう。英語を聞いて直せるところがあったら自分で訂正しよう。（目安４分）

● モデルの英文を見て，自分が書いた英文と比べ，直せる部分は**赤ペンで**直しましょう。

● モデルの英文を，**意味を確かめながら**，書写・音読しよう。

○モデルの英文（助動詞）

> Some cities are going to have a new transportation system. They think that they must improve their bad traffic jams. Also, they think that they should reduce CO_2 emissions. It may make people drive their cars less often. Some new transportation systems called LRT have caught people's eyes. Everyone can move from town to town without traffic jams. Older people can go out easily.

○文法のここをチェックしよう。～動詞を助ける助動詞～

助動詞とは文字通り，動詞を「助」ける働きをします。基本的に動詞のみの文は，主語の状態や動作の事実（He is tired. / He plays the guitar.）を表しますが，助動詞は気持ちや判断などの意味を広げる（He must be tired. / He can play the guitar.）のです。助動詞は動詞の原形（← 動詞に -ed, -es, -ing などが付いていない形）の前に置きます。まず助動詞にはどんな種類があるのかを理解しましょう。

（以下の解答は p. 228）

A. 遠慮がちなお客さんにケーキを「ぜひ，食べてくださいね」と勧めるとき，次のどの表現が最も適していますか。

① You can eat this cake.
② You may eat this cake.
③ You must eat this cake.

Point! 基本的に，can は能力，may は許可，must は義務を表します。上の英文で，例えば遠慮しているお客さんに「どうぞ遠慮なさらずに食べてください」というときは，must を使わないといけないのです。may を使うと，食べたければ許可しますという意味になり，上から目線で失礼になってしまいます。

B. 次の英語を［　　］内の指示に従って書き換えましょう（全文を書いてください）。

(1) Laura cooks Japanese food well.［可能の意味を加える］

____

(2)　I go shopping next Sunday.［義務の意味を加える］

____

(3)　I run very fast.［可能の意味を加える］

____

(4)　You stop here.［許可の意味を加える］

____

(5)　George comes to my office.［推量の意味を加える］

____

〈助動詞の意味〉

◆ can	① 〜できる　② 〜してもよい　③ 〜であり得る
◆ can't	① 〜できない　② 〜のはずがない
◆ may	① 〜してもよい　② 〜かもしれない
◆ may not	① 〜してはいけない
◆ must	① 〜しなくてはならない　② 〜にちがいない
◆ must not	① 〜してはいけない
◆ don't have to	① 〜する必要はない

Point!　１つの助動詞に，複数の意味があることはわかったでしょう。しかし，複数あっても全く関連がないわけではありません。例えば，must には「〜しなければならない」という意味がありますが，You must know it.「知っていなければならない」ということは，「知っているにちがいない」という強い推量の意味につながるのです。

この話の続き

In Japan, the first LRT was built in Toyama city in 2006. They had an old JR line and the line had been in danger of shutting down. Then, Toyama city and some companies joined hands to make the LRT system instead of the old line there. The LRT in Toyama has been successful. More than a million people have used it in the 6 months since it was built.

The cities in the United States and Europe have already had LRT transportation system. It was at the peak of using cars in the 1970s in the U.S. Many train lines disappeared. The weak people, such as older people and the poor, lost their ways of transportation. They had to help those people transport easily. As a result, some LRTs were newly built. People could use them freely in some areas. Still now, people in some areas in the U.S. can use them freely. They can go to work or for shopping using them.

In Japan, some cities think the LRT system is a good idea and want to introduce it, but it's not very easy to do. This is because only a few say that they will use it. Once people are used to a convenient life, it's difficult to give it up. To succeed in building the new system, people should change their minds from their own convenience to global thinking. If we try to do it now, our sons, daughters, grandsons, or granddaughters will be able to breathe fresh air. It must be our responsibility for them.

<Note> transportation 交通　traffic jams 交通渋滞　LRT = Light Rail Transit（次世代型路面電車）　CO_2 emission 二酸化炭素の排出　shutting down 廃線　join hands 手を取り合う　at the peak of ～の絶頂期　as a result 結果として　succeed in ～に成功する

自分だったらどうする？

あなたは，車で送ってあげるという家の人に，「環境や健康のために自転車で行きたい」という気持ちを伝えたいと思っています。「なぜ自転車で行くの？」と質問する家の人に何と言いますか？ 話す内容を考えて英語で書きましょう。

Further Try! （以下の解答は p. 228）

1. 意味が通るよう（　　）に適する助動詞を入れましょう。

(1) I'm busy now. I (　　　) talk with you.

(2) The cheaper one is sold out. I (　　　) buy the expensive one.

(3) (　　　) I call him right now? — No, you don't have to.

(4) I (　　　) understand the question because it is too difficult.

(5) I can't swim now, but I will (　　　) (　　　) (　　　) swim in a year or so.

2. [　　] 内の意味に合うよう（　　）に適する語を入れましょう。

(1) She looks pale. She (　　　) be sick.
[病気に違いない]　pale：青ざめる

(2) He looks sleepy. He (　　　) be tired.
[疲れているかもしれない]

(3) Nobody is perfect. Anybody (　　　) make mistakes.
[することもあり得る]

(4) She is clever. She (　　　) (　　　) (　　　) such a thing.
[言うはずがない]

(5) He (　　　) (　　　) (　　　) a lie. His behavior was strange.
[嘘をついたにちがいない]

(6) She broke the promise. She (　　　) (　　　) (　　　) busy.
[忙しかったのかもしれない]

Point! 過去の推量の意味を表す：助動詞 + have + 過去分詞

3. [Let's challenge!] あなたは志望校の面接試験を受けています。面接官から「あなたは特技としてどんなことができますか？」また「入学してから何ができるようになりたいですか？」と尋ねられました。自分ができること，できるようになりたいことを，助動詞を含む 30 語程度の英語で，面接官に伝える文を書きましょう。

4 Track 28

● 英語を聞いて必要なことをメモしよう。

● メモから元の英文を復元させよう（目安 8 分）。

● もう一度英語を聞いてみよう。英語を聞いて直せるところがあったら自分で訂正しよう。（目安 4 分）

● モデルの英文を見て，自分が書いた英文と比べ，直せる部分は**赤ペン**で直しましょう。

● モデルの英文を，**意味を確かめながら**，書写・音読しよう。

○モデルの英文（受動態）

A lot of land in Japan is covered with forests. However, the nature surrounding us is quite different from that in the Jyo-mon era. It has been changed little by little for a long time because of the progress of civilization.

A rice crop was grown in fertile plains, and Chestnut trees, Japanese cedar, etc. were planted in some mountains. They were converted into tools like timber and firewood, which was used to support their life.

○文法のここをチェックしよう。～能動態と受動態～

「受動態」と聞いて何を思い浮かべますか？ 多くの人が「れる・られる」と答えることでしょう。しかしそれは日本語にしたときの「意味」であって，受動態の言語的な「働き」ではありません。受動態の言語的な「働き」で大切なのは，**スポットライトが一番当たる主語に，動作を受ける側の人やものがくる**ということです。受動態の利点は，能動態の文の主語＝動作主（by以下の部分）を書かなくてもよいことなのです。

（例） The postman delivered the letter.
The letter was delivered (by the postman).

受動態のこのような利点を使えば，誰によってされたものなのかわからないときや，動作主を書く必要のないとき（例えば，説明書や論証文など客観性のある文）に役立つのです。

（例） [?] broadcasted the popular drama yesterday.
The popular drama was broadcasted yesterday.
→人気のドラマが放送された。（“誰”が放送したかは書かなくてもよいですね。）

別の視点で言えば，受動態にする必要が本当にあるのかを考えることが大切です。My room is decorated with flowers. と客観点に述べる必要があるのか。それとも，I decorated my room with flowers. と述べるのが自然なのかということです。

（以下の解答は p. 228）

A. 上の英文を参考にして，下の文の（　　）に英語を書きましょう。

(1)　They sell flowers at the shop.
　　Flowers (　　　) (　　　) at the shop.

(2)　They speak English in America.
　　English (　　　) (　　　) in America.

(3)　People selected him as a chairperson.
　　He (　　　) (　　　) as a chairperson.

Point!　(3) は，元の能動態の主語 (people) が受動態になったとき省略されているのがわかりますね (by 以下がない)。日本語のニュースを見ても「○○氏が議長に選ばれました」とは言いますが,「人々によって○○氏が議長に選ばれました」とは言いませんね。このように言う必要がないときは，by 以下を書きません。

2.　1 の問題の下の文をそれぞれ日本語にしましょう。

(1) ____

(2) ____

(3) ____

Point!　受動態の文を何でもかんでも「れる・られる」とするのはよくありません。先にも書きましたが，それは日本語の問題であって，英語の受動態の言語的な働きは「何に主点を置くか」なのです。

この英文の続き

We have kept this balance and controlled our mountains and forests. Ishikawa Prefecture is located in the center of Japan. We face the Japan Sea. This helps us develop our industries. Crop and products are developed, especially in Noto. Noto has abundant food materials thanks to the Tsushima warm current. An unique food culture was born there. Also, Wajima is famous for japanware. Wajima has a good clay and climate for making japanware.

The water in Ishikawa is very good. Also, the hot springs are the symbol of the abundance of nature. A lot of factories have been built in Ishikawa. Clear and abundant underground water from Mt. Hakusan is used to make their products.

As we saw earlier, we have a long and deep history, unique culture, industrial arts, and industries against the background of abundant nature in Ishikawa.

<Note> Jyo-mon era 縄文時代　the progress of civilization 文明の発達　fertile plain 肥えた土壌　chestnut trees クリの木　Japanese cedar シダの木　timber 材木　firewood まき　the Japan Sea 日本海　Noto 石川県能登地方　abundant 豊富な　Tsushima warm current 対馬海流　Wajima 石川県輪島市　japanware 漆器　clay 土　abundance 豊富　underground water 地下水　as we saw earlier 以上見てきたように

自分だったらどうする？

あなたは，自分の住でいる地域に来た海外からの留学生に，地元の魅力を伝えたいと思っています。あなたはどこに連れて行き，どんな案内をしますか？ その場所で留学生に話す内容を考えて英語で書きましょう。

Further Try!　（以下の解答は p. 228）

1. 次の日本語を参考にして（　　）に当てはまる英語を書きましょう。

(1) この本は日本で印刷されています。
This book (　　　　) in Japan.

(2) たった今，ケーキはすべて売り切れました。
All of the cakes (　　　　) just now.

(3) 台風でこの町は大きな被害を受けました。
This town (　　　　) by the typhoon.

(4) その試合は大雨で延期になりました。
The game (　　　　) due to the heavy rain.

2. 日本語に合うよう（　　）に適する英語を書きましょう。

(1) He (　　) (　　) (　　) (　　) selfish.

［～と言われている］

(2)　Mt. Fuji (　　　) (　　　) (　　　) snow.

［～で覆われている］

(3)　Takeshi (　　　) (　　　) (　　　) a computer.

［～に興味がある］

(4)　I (　　　) (　　　) (　　　) the news yesterday.

［～に驚いた］

(5)　She (　　　) (　　　) (　　　) the result.

［～に満足している］

3. 次の日本語を，受動態を使って英語にしましょう。

(1)　私の部屋の窓からたくさんの星が見えます。

___

(2)　この本は易しい英語で書かれています。

___

(3)　オーストラリアでは英語が話されています。

___

4. [Let's challenge!] あなたの身の回りにあるものはどこで作られたものですか？ 例にならい，受動態を使って 5 つ英文を書いてみよう。

(例)　My sweater is made in China.

5 Track 29

● 英語を聞いて必要なことをメモしよう。

● メモから元の英文を復元させよう（目安 6 分）。

● もう一度英語を聞いてみよう。英語を聞いて直せるところがあったら自分で訂正しよう。（目安 3 分）

● モデルの英文を見て，自分が書いた英文と比べ，直せる部分は**赤ペンで**直しましょう。

● モデルの英文を，**意味を確かめながら**，書写・音読しよう。

○モデルの英文（不定詞）

> Why do people learn history? In Japan, all the students have a class to learn history at high school. As you know, if you have studied it, a lot of difficult historical names appear in the textbooks. Some of you may feel that it's too difficult to memorize those names. However, the reason why we have to learn history isn't for memorizing names. We have important and clear reasons to do this.

○文法のここをチェックしよう。～不定詞は定まっていない～

不定詞とは「定まっていないことば」と漢字で書きます。では**何が定まっていない**のでしょうか？ それは，不定詞の形が「to＋動詞の原形」なので，誰がその動作をするのかという**「動作主」**と，いつする（した）のかという**「時制」**が定まっていない（表されていない）のです。She likes to watch movies. という文であれば，watch するのは文全体の主語である She であり，いつのことかと言えば，likes から現在のことであるということがわかります。不定詞（to＋watch）にすれば，それらをいちいち書かなくて（考えなくて）すみますね（← 便利！）。しかし，文全体の主語や時制とは異なる場合は，for＋人／of＋人で動作主（意味上の主語という）を，to＋have＋過去分詞で時制（過去）を表さねばなりません。

（例） It is necessary for Jane to see a doctor.
（ジェーンは医者に診てもらう必要がある。）
It is kind of you to help me.
（私を手伝ってくれて，あなたは親切です。）
Mike appeared to have got hurt in the club activity.
（マイクは部活動で怪我をしたようでした。）

（以下の解答は p. 228）

A. 次の（　　）内の動詞を適する形にしましょう。

(1) Don't forget (lock) the door when you go out.
(2) Remember (call) him tomorrow.
(3) I remember (call) him last week.
(4) I tried (write) her, but I didn't.

Point!　英語には不定詞の to と前置詞の to があります。うしろが動詞になっているか，名詞になっているかで判別できますが，根本にある概念は同じです。つまり，前置詞の to は「～へ向かって」という意味です（例：I go to school.）。私は学校「へ向かって」行く＝これから私は学校へ行く。不定詞の to にも「これから」という未来志向の意味が込められています。A の問題でも，未来志向の動作（これからする，しようとする（した））は不定詞 to の形に，既にしている（した）ことは V-ing の形にすればよいのです。

B.　意味上の主語に気を付けて次の文を書き換えるとき，（　　）に当てはまる英語を書きましょう。

(1)　A beginner cannot sing this song easily.
→ This song is not easy (　　) (　　) (　　) to sing.

(2)　The police stopped the traffic in order that the children could cross the road safely.
→ The police stopped the traffic (　　) (　　) (　　) to cross the road safely.

(3)　I opened the door so that the cat could go out.
→ I opened the door (　　) (　　) (　　) to go out.

Point!　不定詞は，to＋動詞の原形なので，「動作主が書けない」のでした。そこで，to＋動詞の原形の「動作主」を書く必要がある場合は，for＋人／of＋人を to の前に置きます。

この話の続き

First, we learn history for the sake of not repeating wrong historical events again. Sometimes historical events, which happened before, tell us what we should or shouldn't do. For example, many Japanese try not to fight wars again because of the regrets of former wars.

Secondly, learning history allows us to empathize with other people. When I went to England, I noticed, by the color of their skins, that several races were there. At that moment, I told a friend of mine, who had lived there, "Your country accepts a lot of immigrants." He seemed confused and said, "It's not true. They had to come here as a result of wars."

I felt ashamed about my careless opinion; I had put my foot in my mouth. If I had known the history of wars in England, I wouldn't have said in such a thing. I also felt it is very important to learn history to help us understand people's feelings and discover truths. If we don't do it, we may fail to understand the cultural differences within other countries. On the contrary, we can easily hurt people with a careless saying. Ignorance makes us ashamed and causes misunderstanding.

<Note> memorize 記憶する historical events 歴史上の出来事 former 先の empathize 共感する races 人種 at that moment その時 immigrants 移民 on the contrary それどころか ignorance 無知

自分だったらどうする？

あなたは友人と，日本史が好きか，世界史が好きか話しています。自分が好きな方とその理由を英語で書きましょう。

Further Try! （以下の解答は pp. 228–229）

1. 次の（ ）に適する英語を 1 つ選び記号で答えましょう。

(1) The teacher told us ( ) our best.

① do ② doing ③ to do ④ done

(2) I believe him ( ) innocent.

① to be ② be ③ being ④ been

(3) His mother made him ( ) the dishes.

① washing ② wash ③ washed ④ to wash

(4) Did you see him ( ) out of the room?

① went ② go ③ to go ④ gone

(5) The police officer ordered the driver ( ) out of car.

① get　② to get　③ gone　④ went

(6) He was made (　　) dinner by his mother.

① to prepare　② prepare　③ preparing　④ prepared

Point! 英語は，同じ形は同じような意味を表す原則があります。例えば，「動詞＋人＋to do」の形ならば，強弱の差はあれ「人に～するよう言う」という意味が出ます。

（例）私は彼にそこに行くよう言った。

I ordered / wanted / told him to go there.

2. 次の日本語に合うように（　　）に不定詞を使った慣用表現を英語で書きましょう。

(1) 今にも雨が降りそうです。

It is (　　) (　　) (　　) at any moment.

(2) 彼は一人で暮らすにはまだ若すぎます。

He is still (　　) young (　　) (　　) alone.

(3) 私はたまたまジョンが転ぶのを見ました。

I (　　) (　　) (　　) John fall over.

(4) 京都に来たときは，必ず私たちを訪ねてください。

(　　) (　　) (　　) visit us when you come to Kyoto.

3. 不定詞を使って，次の日本語を英語にしましょう。

(1) その問題を解決するのはとても困難だとわかりました。(found を使って)

____

(2) 誰にも見られないよう気を付けなさい。(Take care から始めて)

____

4. [Let’s challenge!] あなたの夢は何ですか？ そしてその夢をかなえるためには何をすることが必要ですか？ 不定詞を含む30語程度の英語で書きましょう。

....

....

....

6 Track 30

● 英語を聞いて必要なことをメモしよう。

● メモから元の英文を復元させよう（目安 8 分）。

● もう一度英語を聞いてみよう。英語を聞いて直せるところがあったら自分で訂正しよう。（目安 4 分）

● モデルの英文を見て，自分が書いた英文と比べ，直せる部分は**赤ペン**で直しましょう。

● モデルの英文を，**意味を確かめながら**，書写・音読しよう。

○モデルの英文（動名詞）

A child likes repeating. For example, if you have a niece or nephew, what happens when you say words? They must repeat them. I have a niece who is six years old. When she was three, we went to see the airplanes at the airport. She was interested in watching them. After a while, when she was getting tired, I said "plane" to her in English. Then, she repeated saying my word like a parrot. I was happy and repeated it again and again. She repeated it again and again too.

○文法のここをチェックしよう。〜動名詞は動詞？ 名詞？〜

動名詞はその名のとおり，**動詞の性質を残しながら，文中で名詞の働きをする**ことばです。日本語でいう「こと」と似ていますね。例えば，「話す」という動詞に「こと」をつけて「話すこと」と名詞になったりします。それが英語では ing にあたりますが，この ing どこかでよく見ますね。そう，be 動詞＋ing で進行形（「〜している」）です。動名詞は「〜すること」という名詞を作り出していますが，どこかに「〜している」という概念が残っているのです。したがって，stop（既に始めている行動をやめる）や give up（をあきらめる＝を途中でやめる）という意味の動詞のあとには，この動名詞（ing）が使われます。

（例）　I stopped smoking for my health.（私は健康のためにたばこをやめた。）
→ 〜ing なので，既に吸っている習慣をやめる
I stopped to smoke.（私はたばこを吸うのに止まった。）
→ to なので未来志向「これから吸う」

（以下の解答は p. 229）

A.　次の（　　）内の動詞を適する形にしましょう。

（1）　We enjoy (swim) in a pool.
（2）　I finished (read) a book.
（3）　He is interested in (listen) to music.
（4）　Would you mind (open) the window?

B. 次の英文中の誤りを訂正しましょう。

(1) I like play tennis.

(2) Don't give up look for it.

(3) Speak English is fun.

(4) She stopped to read the book because she was tired.

この話の続き

At the time, a truck was passing. I changed the word to "truck." She repeated it, as I expected. It was very interesting that she remembered the word "plane" in a beautiful pronunciation.

I believe that people will learn things by seeing and repeating in their minds. It's often said, "Seeing is believing." I think it's true, especially when people are small like my niece.

When she started to go to an elementary school, I found that she enjoyed herself studying. She likes reading the Japanese textbook aloud and doing arithmetic drills. But, one day, she ran away from her house without doing her homework. I couldn't understand what happened to her. But later, I understood her feeling easily. Her mother repeated, "You must study harder!" Even though she tried to study hard, her mother seemed not to be satisfied with it.

If I had my child now, I might say the same thing as her mother. However, I remember that seeing has the greatest impact. If her mother can show her something, she can try hard, and she will do her best without complaining. It's easier to understand what we see than what we listen to. The best way to train children as well-behaved boys or girls is to show them your own good behavior.

<Note> after a while しばらくして parrot オウム as I expected 期待していたとおり pronuntiation 発音 arithmetic drills 算数ドリル be satisfied with ～に満足する well-behaved 行儀のよい

自分だったらどうする？

あなたは小さな子どもがいる家でホームスティをしています。小さい子どもが好きそうなことを考えて，Do you like ∼ing? と尋ねる英文を 5 つ考えましょう。

Further Try!　（以下の解答は p. 229）

1.　次の（　　）内に適する動詞を選びましょう。

(1)　Have you finished (　　　) the report yet?
　① write　② to write　③ writing　④ written

(2)　Did you give up (　　　) the puzzle?
　① solving　② to solve　③ solved　④ solve

(3)　I regret (　　　) him the truth.
　① tell　② told　③ telling　④ to tell

(4)　I regret (　　　) that you are in the wrong.
　① to say　② saying　③ said　④ say

2.　日本語に合うよう並べ替えましょう。

(1)　私は彼がそれを受入れないと確信しています。
　(of / it / I'm / his / sure / not / accepting).

(2)　彼女は会議に遅刻したことを恥じています。
　(being / is / the meeting / ashamed / of / She / late / for).

(3)　その男は，お金を盗んだことを認めています。
　(man / stolen / having / the money / The / admits).

(4)　彼女はダンスの練習に多くの時間を費やしています。
　(dance / spends / a lot of / She / time / practicing).

(5)　ここで携帯電話を使ってもよいですか。
　(mobile phone / you / mind / my / Would / using / here)?

3. 意味上の主語に気を付けて次の文を書き換えるとき，(　　) に当てはまる英語を書きましょう。

(1) He can't imagine that his daughter lives alone in America.
→ He can't imagine (　　) (　　) living alone in America.

(2) My mother insists that I should invite Jane to the party.
→ My mother insists on (　　) inviting Jane to the party.

(3) She complained that the coffee was too bitter.
→ She complained of (　　) (　　) being too bitter.

Point! うしろに動名詞をとる動詞

・mind ～するのを気にする
・enjoy ～を楽しむ
・give up 諦める
・admit 許す
・finish ～を終える
・escape 逃げる
・put off ～を後回しにする
・stop ～をやめる
・deny 否定する
・avoid 避ける

それぞれの頭文字を取って，「メガフェプスはデナアイ」という覚え方があります。

Point! 動名詞と不定詞で意味が変わる動詞

・remember doing (過去に) ～したことを覚えている
　remember to do ～することを覚えている／忘れずに～する
・forget doing (過去に) ～したことを忘れる
　forget to do ～するのを忘れる
・try doing (実際に) ～してみる
　try to do ～しようとする
・regret doing ～したことを後悔する
　regret to do 残念ながら～する

4. [Let's challenge!] あなたがあきらめたくないことは何ですか？ never give up ～ing を用いて説明し，その理由なども含めて 50 語程度の英語を書きましょう。

----

7 Track 31

● 英語を聞いて必要なことをメモしよう。

● メモから元の英文を復元させよう（目安8分)。

● もう一度英語を聞いてみよう。英語を聞いて直せるところがあったら自分で訂正しよう。(目安4分)

● モデルの英文を見て，自分が書いた英文と比べ，直せる部分は**赤ペン**で直しましょう。

● モデルの英文を，**意味を確かめながら**，書写・音読しよう。

○モデルの英文（分詞）

Have you ever watched the drama named "Dr. Koto"? The original story is written as a comic book and has been very popular among children. However, I often see businessmen reading it on trains. Ten million copies of the comic book have been sold.

The story is about a surgeon working at a hospital in Tokyo. But he was transferred to a small clinic on an isolated island because he was responsible for mistakes. It takes about six hours to get to the island. He felt sick on the boat but managed to get there. He felt scared on the boat because he couldn't swim at all.

○文法のここをチェックしよう。～分詞は何を「分」ける？～

ing や過去分詞などの分詞とは，「分」けて使える「詞（ことば）」という意味です。では何を何と「分」けて使えるのでしょうか。下の文のように，ing や過去分詞は be 動詞と一緒に使うことで，「～している最中」や「れる・られる」という意味を表します。

I am playing baseball now. / The computer was broken.

しかし，この用法だと be 動詞があるので，S＋V のある「文」を作る必要があるのです。そこで分詞という考え方で，**be 動詞と切り分けて**，playing baseball / broken だけを形容詞として詳しくする役割を持つ「パーツ」とで使ってあげることができるのです。

I know the man playing baseball now.

I throw away the broken computer.

また，be 動詞と切り分けられた分詞は，形容詞としてうしろから詳しくするだけでなく，S＋V＋O＋C の文型の C（形容詞）の部分にも使われます。

I saw a man running across the road.

（以下の解答は p. 229）

A. 日本語を参考にして，適する方を選びましょう。

（1）ゆでたまご（boiled, boiling）egg

（2）驚くべきニュース（surprising, surprised）news

(3)　口語英語　(spoken, speaking) English
(4)　落ち葉　(falling, fallen) leaves
(5)　発展途上国　(developing, developed) countries
(6)　わくわくする話　an (excited, exciting) story

B.　次の場面で，分詞を使ってどのように伝えればよいですか？

(1)　警察が事件の調査で聞き取りに来ました。昨夜，隣の部屋からは誰の話し声も聞こえなかったことを伝えます。
I didn't (　　　) anyone (　　　) in the room next door last night.

(2)　弟が自分のマンガの在りかを聞いてきたので，お母さんが捨てていたのを見たことを伝えます。
I (　　　) your comic books (　　　) away by mom.

この話の続き

He likes instant noodles very much. He doesn't put on airs at all and seem like a doctor. However, he is a skillful doctor and he has been successful in some difficult surgeries on this island. His nickname is "Dr. Koto," and he has been popular with people there. However, at first, he was disliked. People there didn't trust doctors because the doctors who were transferred to this island were all bad. Being under difficult conditions, he has made a good relationship with the people gradually and been successful. He takes care of the patients, not only physically supporting but also mentally supporting them. Today, there is a real doctor like "Dr. Koto." Yubari city in Hokkaido has been in danger financially. It's difficult to maintain the city hospital. Then, one doctor, named Tomohiko Murakami, joined as hospital staff. He is a skillful doctor. He wants to be like a family doctor. He wants to make his patients aware.

He often says to his patients, "You should know the name and effect of the medicine that you take." Sometimes, he scolds them severely, but they trust him. He wants to change their way of thinking toward medicine. He says, "If we succeed in keeping our medicine effectively, it will be a model case for all over Japan, where we have worried about the aging society. He is always positive and working hard in medicine for the patients.

<Note> original story 原作 surgeon 外科医 transfer 転勤する clinic 診療所 be responsible for ～の責任があった isolated 孤立した put on airs 気取る skillful doctor 腕前の良い医者

自分だったらどうする？

Dr. Koto は "I want to change their way of thinking toward the medicine." という信念を持っていました。あなたがこの世の中で "見方／考え方 (the way of thinking)" を自分の手で変えたいと思うものは何ですか？ その理由も含めて 5 文程度の英語で書きましょう。

Further Try!

(以下の解答は p. 229)

1. 日本語に合うよう，(　　) の語句を並べ替えましょう。

(1) マイクは，彼女が通りを走って渡っているのを見ました。
Mike (running / across / her / the street / saw).

(2) 私は肩を誰かに触られたのを感じました。
I (by / touched / someone / felt / my shoulder).

(3) 私は，父がカラオケで歌っているのを見たことがありません。
I have never (my father / singing / seen / a song) at karaoke.

(4) 観客の声援で，その選手の声は聞こえませんでした。
The player couldn't (himself / make / heard) above the cheers of audience.

2. 日本語を参考にして，(　　) の動詞を適する形にしましょう。

(1) その男の子は，私たちの方に走ってきました。
The boy came (run) towards us.

(2) 私は昨日，彼女を 3 時間待ちました。
She kept me (wait) for three hours yesterday.

(3) 犬がリビングのテーブルの下にいるのを見つけました。
I found my dog (lie) under the table in the living room.

(4) そんなに速く英語が話されるのを聞いたことがありません。
I've never heard English (speak) so quickly.

(5) 辞書で P のところでこの語が見つかるでしょう。
You will find this word (list) under "P" in your dictionary.

3. 次の日本語を参考にして (　　) に当てはまる英語を 1 語で書きましょう。

(1) 彼は家の鍵をかけないまま出かけてしまいました。
He left his house (　　　).

(2) 家の前にタクシーを待たせています。
I have a taxi (　　　) in front of my house.

(3) 彼女は電車の中で財布を盗まれました。
She had her wallet (　　　) on a train.

4. [Let's challenge] 次の場面で，次の人やものが「～している／される／されている」ことを想像して，I + saw / heard + O + 分詞の形で書いてみよう。

・火災現場で消防士が　　・音楽室で合唱部員たちが
・バーゲン会場でブランドバッグが　　・ラジオでアナウンサーが

8 Track 32

● 英語を聞いて必要なことをメモしよう。

● メモから元の英文を復元させよう（目安 8 分）。

● もう一度英語を聞いてみよう。英語を聞いて直せるところがあったら自分で訂正しよう。（目安 4 分）

● モデルの英文を見て，自分が書いた英文と比べ，直せる部分は**赤ペン**で直しましょう。

● モデルの英文を，**意味を確かめながら**，書写・音読しよう。

○モデルの英文（比較）

Do you know the UNICEF Report Card? That is the report to compare the situation of children in developed countries. The report says that progress does not benefit all children. Sometimes, it can even promote inequality. We are not as safe, clean, and healthy as some believe. As for Japan, the data tells us that it is one of the best countries in the field of physical health, but it is one of the worst countries in the field of mental well-being.

○文法のここをチェックしよう。〜比較〜

比較とは，端的に言えば「比べること」ですが，次の2点を考えることが大切です。

① 何と何を比べているのか？（比較対象の共通点は？）

② 比べる「基準」は何か？

Strawberry（①） is sweeter（②） than raspberry（①）.

この例文では，①「いちご」と「ラズベリー」を比べていますが，共通点は「果物」ですね。そして②「甘さ」という基準で比べています。**比較するには，共通点がないと比べられない**のです。例えば，Aさんと Bさんのどちらが，背が高い？ と「人」という共通のもの同士を比べることはできますが，Aさんと本の高さは比べませんよね。人と本に共通点がないからです。この視点を持っていると，①の片方が未知の単語であっても推測がつくのです。上の例文で，strawberry は知っていても，raspberry が理解できなかったとします。でも，strawberry が果物だから，raspberry も果物で，甘さを比較しているから … と想像ができますね。

また，比較を表す文の特徴は，比較表現を取ると平叙文が残ることです。

（例） Strawberry is sweet~~er than raspberry~~.

(Strawberry is sweet. が残りますね)

（以下の解答は pp.229-230）

A. （あ）何と何を，（い）どんな基準で比べ，（う）その２つの共通点は何かを，例にならって考えよう。

（例） Ice cream is more popular than cakes after meals.
（あ）アイスクリームとケーキ　（い）人気度　（う）デザート（食べ物）

(1) Soccer is harder than table tennis.
（あ）　　（い）　　（う）

(2) Mountains are better than the sea for me.
（あ）　　（い）　　（う）

(3) The population of Tokyo is larger than that of N.Y.
（あ）　　（い）　　（う）

(4) Human beings are more intelligent than animals.
（あ）　　（い）　　（う）

B. （　　）に当てはまる英語を自分で考えてみよう。

(1) The temperature now is (　　　) than that of before.

(2) A melon is more expensive than an (　　　).

(3) His smartphone is more expensive than (　　　).

(4) The number of LINE users in Japan is larger than (　　　).

(5) Electric money is more (　　　) than cash.

この話の続き

This report ranks children's mental and physical health, as well as academic and social skills. These indicators show that the Netherlands, Denmark, and Norway are the top countries for children to live in. In many countries, less than 4 out of 5 children were happy with their lives. Turkey had the lowest percentage at 53%, followed by Japan (62%), and the United Kingdom (64%). On the contrary, the highest was the Netherlands, followed by Mexico and Romania. Children with less family support and those who were bullied clearly had lower mental health results.

"Many of the richest countries in the world have the resources to provide good childhood for all children, but they have not been able to do so," says Gunilla Olsson, director of the UNICEF Innocenti Institute. Failure to take quick and strong action to protect children's well-being may increase child poverty, worsen mental and physical health, and continue to widen skill gaps. Support for children and families related to infectious disease is not efficient. We must do more to provide our children with a safer and happier childhood.

<Note> UNICEF ユニセフ（国連児童基金）　indicators 指標　be bullied いじめられる　childhood 子ども時代　Gunilla Olsson グニラ・オルセン（人物名）　Innocenti Institute イノチェンティ研究所　take quick and bold action 迅速で大胆な行動を取る　well-being 幸福　poverty 貧困　infectious disease 感染症

自分だったらどうする？

あなたは「子どもが健全で健康に育つのに大切」だと思うことは何ですか？またその理由を英語で説明してみよう。

Further Try!　（以下の解答は p. 230）

1. 日本語を参考にして，並べ替えましょう。ただし使わない語が混じっています。

(1)　あなたのスマートフォンは私のよりも新しい。
(is / smartphone / newer / mine / more / Your / than / new).

(2)　2つの中では，こちらのほうが役に立ちます。
(This / the / the / useful / is / more / of / two / than).

(3)　じゅん子は，クラスの中で一番かしこい。
(the / in / Junko / other / cleverer / my / any / than / class / is / student / more).

2. 次の日本語に合うよう，適する語を選びましょう。

(1) 彼女は私より 5 歳年下です。
She is my junior (for / in / by) five years.

(2) 彼女はクラスで一番背が高い。
No other girl in her class is as (taller / tall / tallest) as she.

(3) 彼は千円しか持っていません。
He has no (less / more / much) than a thousand yen.

(4) 彼女は彼に嘘をつくほど馬鹿ではない。
She knew (more / better / cleverer) than to tell a lie to him.

(5) 健康ほど大切なものはない。
(No / Nothing / Thing) is as precious as our health.

(6) 彼は絶対に，ここに来なさそうな人です。
He is the (last / least / less) person I expected to see here.

3. [Let's challenge] 例のように，下のトピックについて，様々な視点から比べてみよう。

(例) 制服

- The high school uniform is cuter than the junior high school uniform. (中学と高校の制服を比較した場合)
- No other school uniform is as cute as my high school uniform. (他校の制服と比較した場合)

・部活動
・数学
・若者
・スマートフォン

----

9 Track 33

● 英語を聞いて必要なことをメモしよう。

● メモから元の英文を復元させよう（目安8分）。

● もう一度英語を聞いてみよう。英語を聞いて直せるところがあったら自分で訂正しよう。（目安4分）

● モデルの英文を見て，自分が書いた英文と比べ，直せる部分は**赤ペンで**直しましょう。

● モデルの英文を，**意味を確かめながら**，書写・音読しよう。

○ モデルの英文（関係代名詞）

> Many people take pictures with their smartphone, <u>which</u> has the function that enables us to take our own pictures ourselves. Taking one's own picture with a camera or smartphone is called a selfie. People take selfies when they see a famous statue, a wonderful building, or even trees in a park.
>
> The other day, I went to Shanghai where an acrobat's performance is very famous. I went to watch it and saw so many people <u>who</u> included Japanese taking selfies at the entrance there. Then, I heard an announcement, <u>which</u> said, "Don't take any photographs during the performance."

○ 文法のここをチェックしよう。～関係代名詞～

「僕には仲良しの友達がいます。その友達は運動が得意です。僕はその友達とドッジボールをいつもしています。」のように，短い文で何回も同じ人物を繰り返し書くと，まるで小学生レベルの作文だと感じませんか。年齢が上がるにつれて，「僕には仲良しの運動の得意な友達がいて，いつも僕とドッジボールをしています」のように，まとまりのある英文を書くようになっていきます。この時に，どんなことが起きたかというと，

I have a good <u>friend</u>.

The <u>friend</u> is good at sports.

I often play dodgeball with the <u>friend</u>.

のように，何回も出てきた共通人物（＝友達）を

I have a good friend who is good at sports and with who / whom I often play dodgeball. のように 2 回目以降に出てくる共通人物（＝友達）を who という関係代名詞で置き換えました。関係代名詞はその名のとおり，意味のつながりを持たせながら（関係をつないで），共通で出てくる人やものの代わりをする（代名詞）働きを持っていることばなのです。

（以下の解答は p. 230）

A. 次の関連ある文同士で，共通して出てくる人や物に下線を引きましょう。

(1) Mike is an American boy. He teaches us English.

(2) I know the girl. She can speak French well.

(3) I'm looking at the pictures. She painted them.

(4) I know the boy. His mother is a nurse.

B. 関係代名詞の表を参考にして，A の各文同士を，関係代名詞を使って１文にまとめてみよう。

	主格（～は／が）	所有格（～の）	目的格（～を／に）＊省略多い
人	who	whose	who（whom）
人以外	which	whose	which
人・人以外	that		that

Point! **B.** でできあがった英文は次のとおりになります。

(1) Mike is an American boy who ☐ teaches us English.

(2) I know the girl who ☐ can speak French well

(3) I'm looking at the pictures which she painted ☐.

(4) I know the boy whose ☐ mother is a nurse.

関係代名詞は，２つの文の関係をつなぎながら ☐ で示した語の代わりをしています。ここでは説明のわかりやすさを優先して「２文をつなげる」，つまり先出の語（先行詞）を詳しくする（限定する）という発想で説明しましたが，関係代名詞の解釈はすべてがそうとも限りません。

I have a sister who works at city hall.

I have a sister, who works at city hall.

確かに上の２つとも，sister が共通人物ですが，下の who の前にはカンマ（,）があるので，いったんそこで区切れ目が入ります。つまり，私には１人の姉（妹）がいて，その姉（妹）についての説明が who 以下に書かれています（これを非制限用法と呼びます）。一方で，上は制限（限定）用法と呼ばれ，「市役所で働いている姉（妹）がいます」という情報だけで，市役所で働いてない別の姉（妹）がいる可能性も含んでいるのです。

この話の続き

I understood what it meant, and I thought that some performers could fall because of a camera flash. I thought the message was intended toward the Japanese people who were taking pictures during the show. However, what I saw was different from what I thought.

As the performance went on, I noticed the person next to me, who didn't look Japanese, started taking pictures with a camera flash. I was surprised and felt uneasy to see it, and others around me also felt unhappy. I couldn't help thinking what if the performer had fallen down because of the camera flash. The performance was fantastic except for this.

According to statistics, over 20 million Japanese people went abroad in 2019 alone. However, the actions of one Japanese tourist will be taken as the stereotype for every Japanese tourist. Being a lover of photography is a characteristic of Japanese, but it's not illegal. Taking pictures everywhere is not always bad. What is most important is we follow the rules.

Some of you may think you don't need to take pictures, but sometimes looking at your friends taking pictures makes you do it. I think it's more important that the scene, which you see, leaves a print in your memory. What is more important is in your mind, not in your pictures.

<Note> selfie 自撮り the Shanghai Acrobats 上海雑技団 except for ～を除いて according to statistics 統計によると stereotype 固定概念 illegal 違法

自分だったらどうする？

外国から来た友達が美術館の中で写真を撮ろうとしています。ぶっきらぼうに「撮ったら駄目だよ」と言いたくないあなたは，傷つけないよう礼儀正しく注意したいと思っています。あなたはどう言いますか？

Further Try!　（以下の解答は p. 230）

1. 適する関係代名詞を入れましょう。

(1) The boy (　　　) is practicing Judo there is John.

(2) The man (　　　) you met yesterday is his father.

(3) Look at the house (　　　) roof is red.

(4) I have a cat (　　　) name is Tama.

(5) This is the way (　　　) I helped her.

2. 日本語を参考にして並べ替えましょう。

(1) これは私があなたのために作ったケーキです。
(made / This / a cake / I / for / is / you / which).

(2) 彼は私たちが信頼できる人です。
(who / is / can / a man / we / He / trust).

(3) 彼は意味のわからない単語に出くわしました。
He came across (meaning / a word / whose / couldn't understand / he).

3. [Let's challenge] 例のように連想ゲームを作り，友人に出題してみよう。何文目で正解が出たかで，点数が決まります。

(例) [5 点] This is a fruit which we can eat mainly in summer.
[3 点] This is a fruit whose color is red inside.
[1 点] This is a fruit which is called "something melon."

Point! This is [ジャンル＋関係代名詞] ～

10　Track 34

● 英語を聞いて必要なことをメモしよう。

● メモから元の英文を復元させよう（目安 8 分）。

● もう一度英語を聞いてみよう。英語を聞いて直せるところがあったら自分で訂正しよう。（目安 4 分）

● モデルの英文を見て，自分が書いた英文と比べ，直せる部分は**赤ペンで**直しましょう。

● モデルの英文を，**意味を確かめながら**，書写・音読しよう。

○モデルの英文（仮定法）

Remember your original intention. It means, "Don't forget how you felt when you started something." Sometimes, people forget their original feelings, like joy or nerves, as they get accustomed to their new life.

Hisashi is a high school student. He studied very hard to enter high school. He was very happy when he found out he had passed the exam. He thought, "if I hadn't studied hard at that time, I wouldn't have such happiness now." He decided to study very hard and join a club after he entered high school.

○文法のここをチェックしよう。～過去形は過去を表さない？～

英語は現実と非現実を分けます。「もし私があなたなら」など"ありえないこと"を言うときは，発話者が"ありえない話だ"とわかっていることを知らせるためにわざと現在のことでも過去形を使うのです。つまり，過去形だから過去の意味になるのではなく，**過去形は現在から離れている（つまり「現実」から離れている）ということばの「働き」＝概念を使っている**のです。ことばは「意味」と「働き」の両方から考えないといけないのですね。

（以下の解答は pp. 230-231）

A. ［基本を確かめよう！］次のことがらは A＝"ありえる"ことですか，B＝"ありえない"ことですか，記号で答えましょう。

(1)　地球が明日消滅する　（　　）

(2)　タイムマシーンがある　（　　）

(3)　明日雨が降る　（　　）

(4)　友達から誘われる　（　　）

B. A の (1)～(4) を書き出しに続けて英語にしましょう。

(1)　If the earth (　　　) tomorrow,

　　*消滅する disappear

(2)　If we (　　　) a time machine,

(3)　If it (　　　) tomorrow,

(4)　If your friends (　　　) you to go out together,

C. B の (1)～(4) で完成した英文を基にして，結論の文に当てはまる英語を書きましょう。

(1) If the earth (　　　) tomorrow, I (　　　) have a gorgeous dinner.

(2) If we (　　　) a time machine, I (　　　) go back to see people in the Edo era.

(3) If it (　　　) tomorrow, the baseball game (　　　) be cancelled.

(4) If your friends (　　　) you to go out together, you (　　　) finish your homework before you go.

Point! 同じ If から始まる文でも，単なる「条件＝ありえること」と「仮定＝ありえないこと」は分けなければならないのです。

Point! 〈仮定法過去：現在のありえないこと，事実に反すること〉If＋主語＋過去形，主語＋would / could / should / might＋動詞の原形
〈仮定法過去完了：過去の取り返しがつかないこと（後悔），かなわなかった願望〉If＋主語＋had 過去分詞，主語＋would / could / should / might＋have＋過去分詞

この話の続き

However, his hopes were different from reality. He was not happy in high school because he had a lot of things to do and couldn't catch up with others. He also practiced basketball hard, so he felt very tired every day.

About three months later, he had the first summer vacation of his high school life. He practiced basketball with friends as usual. While he was practicing basketball, he thought, "If I were free, I could do anything I want to do." Some junior high students came to watch them practice on that day. They hoped to join the basketball club when they entered high school. He wanted to say to them, "If I were you, I wouldn't join the basketball club." He had a chance to talk with the junior high students later. He asked one of the students,

"Why do you want to join us?" The junior high student answered, "I want to be a good player like you." He was confused and ashamed to hear that. He felt as though only he had been practicing basketball hard. He noticed that he also had a lot of friends who tried very hard together.

"Remember your original intention." He remembered the day when he had ideals like that junior high student did. The junior high student reminded him of his original intention. He decided to study and practice basketball hard again.

<Note> get accustomed to ～に慣れる　pass the exam 合格する　be ashamed 恥ずかしい　remind ～ of … ～に … を思い出させる

自分だったらどうする？

"Remember your original intention." と言われて，あなたが思うことは何ですか？ 部活動や趣味を長くやってきて，「初心を忘れてはいけないなあ」と思ったエピソードを英語で書きましょう。

Further Try! （以下の解答は p. 231）

1. 例にならい，次の〈事実〉を基にして，事実と異なる〈仮定〉の文を書き出しに続けて書きましょう。

（例）〈事実〉I am not free now, so I can't read books.
　　　If I were free now, I could read books.

(1) 〈事実〉I was not free then, so I wasn't able to read books.
　　If I ______________________________

(2) 〈事実〉I am not free today.
　　I wish ______________________________

(3) 〈事実〉I did not study English hard when I was young.

I wish ________________________________

(4)　〈事実〉She is not a teacher.

She speaks as if ______________________________

(5)　〈事実〉The boy didn't see a ghost.

The boy speaks as if ___________________________

2.　次の英語がほぼ同じ意味になるように（　　）に当てはまる英語を書きましょう。

(1)　If it were not for his advice, I wouldn't have succeeded.

＝(　　　)(　　　) his advice, I wouldn't have succeeded.

(2)　If I were in your place, I wouldn't say such a thing.

＝(　　　)(　　　) in your place, I wouldn't say such a thing.

(3)　If it were not for water, no living thing could live.

＝(　　　) water, no living thing could live.

3.　指示に従い，次の日本語を英語にしましょう。

(1)　もう失礼する時間です。(It is time から始めて)

____

(2)　君のお父さんが万一病気になったらどうしますか。(What if から始めて)

____

(3)　私は疲れていた。そうでなければ，昨日パーティに行ったのに。(otherwise を使って)

____

4.　[Let's challenge!] あなたのクラスに宿題を忘れて困っている友達がいます。「もし，私があなたなら …」という書き出しに続けてアドバイスをしてあげるとすると，どんなことを言いますか。30 語程度の英語で書きましょう。

解　答

1

A.　(1) study　(2) studied　(3) will/am going to study

B.　(1) am studying　(2) was studying　(3) will be studying

C.　(1) goes　(2) live　(3) watched　(4) will/am going to

Further Try!

1.　(1) had　(2) travels　(3) lies　(4) fell

2.　(1) We will/are going to watch a movie this afternoon.
　(2) She will/is going to visit her uncle tomorrow.
　(3) It will rain in the evening.
　(4) He will/is going to buy a car next month.

3.　(1) is sleeping　(2) is knocking　(3) was cleaning
　(4) was taking

4.　(1) comes　(2) will come

5.　省略［以下，Let's challenge! の設問の解答例は省略した］

2

A.　左（あ）　右（い）

B.　(1) 自転車がパンクした。まだパンクしたままだ。　B
　自転車がパンクした。でも直したから大丈夫。　A
　(2) カメラをなくした。でももう見つかってよかった。　A
　カメラをなくした。どこでなくしちゃったんだろう…　B

C.　(1) (a) は財布をなくしてまだ見つかっていないが，(b) はもう財布が見つかった。
　(2) (a) は宿題がまだ終わっていないが，これからするつもりで，(b) 宿題を終えることができなかったという過去の事実。
　(3) (a) は韓国に今向かったが，(b) は過去に行ったという事実。

Further Try!

1.　(1) 彼は生まれてからずっと金沢に住んでいます。（継続）
　(2) 彼女は 3 時間ずっと図書館にいます。（継続）
　(3) 私は 5 回シンガポールに行ったことがある。（経験）

2.　(1) studied　(2) have been married　(3) came　(4) have known
　(5) did you come back

3

A. ③ can や may は「食べてもいいよ」と可能や許可を表し，must は「絶対食べてね」と強く勧める気持ちがある。

B. (1) Laura can cook Japanese food well.
(2) I must go shopping next Sunday.
(3) I can run very fast.
(4) You may/can stop here.
(5) George may come to my office.

Further Try!

1. (1) can't (2) must/have to (3) Must (4) can't
(5) be able to
2. (1) must (2) may (3) may/can (4) should not say
(5) must have told (6) may have been

4

A. (1) are sold (2) is spoken (3) was selected
B. (1) その店で花が売られている。
(2) アメリカでは英語が話されている。
(3) 彼は議長に選ばれた。

Further Try!

1. (1) is printed (2) were sold (3) was damaged
(4) was postponed/was put off
2. (1) is said to be (2) is covered with (3) is interested in
(4) was surprised at (5) is satisfied with
3. (1) A lot of stars can be seen from the window at my room.
(2) This book is written in easy English.
(3) English is spoken in Australia.

5

A. (1) to lock (2) to call (3) calling (4) to write
B. (1) for a beginner (2) for the children (3) for the cat

Further Try!

1. (1) ③ (2) ① (3) ② (4) ② (5) ② (6) ①
2. (1) likely to rain (2) too, to live (3) happened to see
(4) Be sure to

3.　(1)　I found it very hard to solve the problem.
　　(2)　Take care not to be seen by anyone.

6

A.　(1)　swimming　(2)　reading　(3)　listening　(4)　opening

B.　(1)　I like playing/to play tennis.
　　(2)　Don't give up looking for it.
　　(3)　Speaking/To speak English is fun.
　　(4)　She stopped reading the book because she was tired.

Further Try!

1.　(1)　③　(2)　①　(3)　③　(4)　①

2.　(1)　I'm sure of not his accepting it.
　　(2)　She is ashamed of being late for the meeting.
　　(3)　The man admits having stolen the money.
　　(4)　She spends a lot of time practicing dance.
　　(5)　Would you mind my using a mobile phone here?

3.　(1)　his daughter　(2)　my　(3)　the coffee

7

A.　(1)　boiled　(2)　surprising　(3)　spoken　(4)　fallen
　　(5)　developing　(6)　exciting

B.　(1)　hear, speaking/talking　(2)　saw, thrown

Further Try!

1.　(1)　(Mike) saw her running across the street.
　　(2)　(I) felt my shoulder touched by someone.
　　(3)　(I have never) seen my father singing a song at karaoke.
　　(4)　(The player couldn't) make himself heard (above the cheers of audience).

2.　(1)　running　(2)　waiting　(3)　lying　(4)　spoken　(5)　listed

3.　(1)　unlocked　(2)　waiting　(3)　stolen

8

A.　(1)（あ）サッカーと卓球　（い）大変さ　（う）スポーツ
　　(2)（あ）山と海　（い）私の好き度　（う）場所／自然
　　(3)（あ）東京の人口とニューヨークの人口　（い）人口の多さ

(う) 人口

(4) (あ) 人間と動物 (い) 賢さ（知性） (う) 生き物

B. 解答例

(1) The temperature now is (higher/lower) than that of before.

(2) A melon is more expensive than an (apple/orange).

(3) His smartphone is more expensive than (mine/yours).

(4) The number of LINE users in Japan is larger than (that in China).

(5) Electric money is more (useful/convenient) than cash.

Further Try!

1. (1) Your smartphone is newer than mine.

(2) This is the more useful of the two.

(3) Junko is cleverer than any other student in my class.

2. (1) by (2) tall (3) less (4) better (5) Nothing (6) last

9

A. (1) Mike is an American boy. He teaches us English.

(2) I know the girl. She can speak French well.

(3) I'm looking at the pictures. She painted them.

(4) I know the boy. His mother is a nurse.

B. (1) Mike is an American boy who teaches us English.

(2) I know the girl who can speak French well.

(3) I'm looking at the pictures which she painted.

(4) I know the boy whose mother is a nurse.

Further Try!

1. (1) who/that (2) who/whom/that (3) whose (4) whose

(5) in which（in which を that とすることも可能で，この場合の that は関係副詞）

2. (1) This is a cake which I made for you.

(2) He is a man who we can trust.

(3) (He came across) a word whose meaning he couldn't understand.

10

A. (1) B (2) B (3) A (4) A

B. (1) disappeared (2) had (3) rains (4) invite

C. (1) disappeared, would (2) had, could (3) rains, will

(4) invite, will have to

Further Try!

1. (1) If I had had free time, I could have read books.
   (2) I wish I were free today.
   (3) I wish I had studied English hard when I was young.
   (4) She speaks as if she were a teacher.
   (5) The boy speaks as if he had seen a ghost.
2. (1) But for　(2) Were I　(3) Without
3. (1) It is time I was leaving.
   (2) What if your father became sick?
   (3) I was really tired. Otherwise, I could have gone to the party yesterday.

第6章　コミュニカティブ・ディクトグロス

前章までの練習で，長い英文を聞いてディクトグロスすることに慣れましたか？ ここでは，英語を聞いて，メモをして，元の英文を復元させる活動に場面をつけてみます。日常生活を考えてみても，「家で留守番をしていたら，電話がかかってきた。電話の相手から，家族に伝言を頼まれた」という場面に出くわしたことがあるのではないですか？ このように，日常生活で出くわすかもしれないような場面をつけてディクトグロスの練習をしてみましょう。その場面設定も英語で書かれていますので，よく読んで場面が理解できてから英語を聞いてみましょう。

また，ディクトグロスが終わったら，どんな働きを持ったことばを勉強したのかを振り返る設問に答えてみましょう。

1.　映画を観に行こう (Let's go to a movie!)　難易度 ★☆☆☆☆

【SITUATION】 You are sending your friend a message on social media. You will propose the plan in your mind.

● 英語を聞いて必要なことをメモしよう。 Track 35

● メモから元の英文を復元させよう。(目安6分)

● もう一度英語を聞いてみよう。英語を聞いて直せるところがあったら自分で訂正しよう。(目安3分)

● モデルの英文を見て，自分が書いた英文と比べ，直せる部分は**赤ペン**で直しましょう。

● モデルの英文を，**意味を確かめながら**，書写・音読しよう。

○ モデルの英文（提案する表現①）

【TEXT】Shall we go watch a movie on Saturday? The most popular movie now is "Animal Wonderland," you know. We can't miss it. The story sounds nice. Let's meet at the west gate of Shinjuku Station. The movie starts at 3, so why don't we get there at half past 2? How about inviting one more friend?

*Animal Wonderland:「アニマル・ワンダーランド」（架空の映画名）

○次の場面を英語で表現してみよう！ （解答例は p. 258）

あなたはクラスの役員として，学級会で，みんなでスキー旅行に行くことを提案してください。

2. 電話での伝言（Telephone message） 難易度 ★★☆☆☆

【SITUATION】You are answering a telephone call at home while all of your family members are out. That call is from a boss at the company where your father works.

● 英語を聞いて必要なことをメモしよう。 Track 36

● メモから元の英文を復元させよう。（目安６分）

● もう一度英語を聞いてみよう。英語を聞いて直せるところがあったら自分で訂正しよう。（目安３分）

● モデルの英文を見て，自分が書いた英文と比べ，直せる部分は**赤ペン**で直しましょう。

● モデルの英文を，**意味を確かめながら**，書写・音読しよう。

○ モデルの英文（依頼する表現①）

【TEXT】I asked your father to hand in the report by Wednesday, but I was wondering if he could complete it by tomorrow. I'm just about to get on a plane to New York. So, I'm afraid my mobile phone won't be available for a while. Could you tell him about this?

○次の場面を英語で表現してみよう！ （解答例は p.258）

あなたは英語で手紙を書かなければなりません。Brown 先生に手伝ってもらえるようお願いしてください。先生が忙しいことを知っているので，丁寧に頼んでみましょう（村野井, 2016, p.42）。

3. 先生にインタビュー (Interview to your teacher) 難易度 ★★☆☆☆

【SITUATION】You have an interview with a school teacher as a staff of the school newspaper. You ask what the teacher likes to do during his free time. You will write a newspaper article to introduce his story.

● 英語を聞いて必要なことをメモしよう。 Track 37

● メモから元の英文を復元させよう。(目安8分)

● もう一度英語を聞いてみよう。英語を聞いて直せるところがあったら自分で訂正しよう。(目安4分)

● モデルの英文を見て，自分が書いた英文と比べ，直せる部分は**赤ペン**で直しましょう。

● モデルの英文を，**意味を確かめながら**，書写・音読しよう。

○ モデルの英文（叶わぬ願望を表現する）

【TEXT】 What I like to do in my free time is to ride a mountain bike. It cost three hundred and fifty thousand yen. I wish the cost of mountain bikes were more reasonable. I sometimes ride it to the hill and enjoy seeing the beautiful view from there. Breathing good air on the hill along with the good view relaxes me. If I had more free time, I could go to more places on a mountain bike.

○次の場面を英語で表現してみよう！ （解答例は p. 258）

友達と「もし宝くじで 1 億円当たったらどうする？」と夢を語っています。あなたが 1 億円あったらどうするか，3 文程度で話してください。

4. ラジオを聞いて懸賞に応募しよう (Radio program)

難易度 ★★★☆☆

【SITUATION】 You are listening to a radio program. You've found a chance to get a free ticket to a movie, and you will have to send an e-mail to get it.

● 英語を聞いて必要なことをメモしよう。 Track 38

● メモから元の英文を復元させよう。（目安6分）

● もう一度英語を聞いてみよう。英語を聞いて直せるところがあったら自分で訂正しよう。（目安3分）

● モデルの英文を見て，自分が書いた英文と比べ，直せる部分は**赤ペン**で直しましょう。

● モデルの英文を，**意味を確かめながら**，書写・音読しよう。

○ モデルの英文（目的を伝える表現）

【TEXT】A big chance to get free movie tickets! In order to get a ticket, send an email containing the answer to the question we will ask you later, your address and name to us by next Thursday. Are you ready to answer the question? Where will you go in order to watch a movie? Send an email to us as soon as possible so that you can get the premium tickets.

○次の場面を英語で表現してみよう！ （解答例は p. 258）

自転車通学をしている留学生が，ヘルメットをかぶるのが嫌だと言っています。3 文程度でヘルメットをかぶる目的を伝えてください。

5. 生徒会活動 (School council meeting) 難易度 ★★★☆☆

【SITUATION】You are now in a school council meeting, and a presenter is giving you information concerning a school event. You will record the proceedings of the meeting.

● 英語を聞いて必要なことをメモしよう。 Track 39

● メモから元の英文を復元させよう。(目安10分)

● もう一度英語を聞いてみよう。英語を聞いて直せるところがあったら自分で訂正しよう。(目安5分)

● モデルの英文を見て，自分が書いた英文と比べ，直せる部分は**赤ペン**で直しましょう。

● モデルの英文を，**意味を確かめながら**，書写・音読しよう。

〇モデルの英文（提案する表現②）

> 【TEXT】I'd like to propose a new school event today. The name of the event is school volunteer days. All the students will get two chances to join if they want to. First, I propose that we pick up the garbage in our town. This activity must be helpful to the residents here. Second, how about visiting a nearby nursing home and having an interaction with the elderly? I read a news article that said elderly people could be energized when talking with young people. I'd be very happy if you could approve my proposal.

〇次の場面を英語で表現してみよう！ （解答例は p. 258）

あなたは生徒会の役員に立候補しました。学校を変えたいと演説します。生徒みんなが賛同するよう変えるべきことを考えて，「～しませんか」と 5 文程度で提案してください。

6. レストランでの予約 (Reservation for a restaurant)　難易度 ★★★☆☆

【SITUATION】You work on a part time basis at a restaurant. A guest is requesting you a special meal for his wife on the phone.

● 英語を聞いて必要なことをメモしよう。 Track 40

● メモから元の英文を復元させよう。(目安8分)

● もう一度英語を聞いてみよう。英語を聞いて直せるところがあったら自分で訂正しよう。(目安4分)

● モデルの英文を見て，自分が書いた英文と比べ，直せる部分は**赤ペン**で直しましょう。

● モデルの英文を，**意味を確かめながら**，書写・音読しよう。

○モデルの英文（依頼する表現②）

【TEXT】Hello, I want to make a reservation for two people. I'm planning for a birthday dinner for my wife. For starters, would you please prepare a salad with fresh vegetables? And for the main dish, could you please prepare a pasta dish with tomato sauce? She is a vegetarian, so please do not use meat in cooking any of the dishes. Do you mind if I decide the dessert after the meal on that day?

○次の場面を英語で表現してみよう！ （解答例は p. 258）

あなたは留学中の大学生です。大学の図書館でパートタイムとして働いています。しかし，あさって大事なテストがあり，明日のシフトを代わってもらえないか，友人の Joe に頼んでください（村野井, 2006, p. 148 を改変）。

7. 自動車工場見学に行って（Visiting a car factory） 難易度 ★★★★☆

【SITUATION】Your school group visits a car factory to see how a vehicle is produced. A worker there explains it. You want to make a newsletter to report it to your classmates.

● 英語を聞いて必要なことをメモしよう。 Track 41

● メモから元の英文を復元させよう。(目安8分)

● もう一度英語を聞いてみよう。英語を聞いて直せるところがあったら自分で訂正しよう。(目安4分)

● モデルの英文を見て，自分が書いた英文と比べ，直せる部分は**赤ペンで**直しましょう。

● モデルの英文を，**意味を確かめながら**，書写・音読しよう。

○モデルの英文（順序だてて描写する表現①）

【TEXT】What you are looking at now is the processes for making cars. Firstly, an iron plate is cut and pressed to produce the parts of a car such as the bonnet, doors, and so on. Secondly, more than 400 car parts are assembled by heating with robots to frame the car's body shape. Thirdly, the body of the car that was made in the previous process will be washed. Then, the surface will be polished and painted three times. Finally, many parts such as the engine, tires, and so on will be fitted to the body of the car.

○次の場面を英語で表現してみよう！ （解答例は pp. 258–259）

あなたは留学先で日本文化を伝えるために，おりがみで鶴の折り方を説明しようとしています。初めての人にもわかりやすく，5 ステップくらいで手順を教えてあげてください。

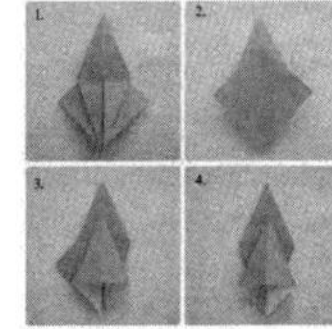

8. 料理番組（Cooking show on TV）　難易度 ★★★★☆

【SITUATION】You are watching a cooking show on TV. Now, a cooking teacher tells you how to cook a Japanese dish. You want to cook it later.

● 英語を聞いて必要なことをメモしよう。 Track 42

● メモから元の英文を復元させよう。（目安10分）

● もう一度英語を聞いてみよう。英語を聞いて直せるところがあったら自分で訂正しよう。（目安5分）

● モデルの英文を見て，自分が書いた英文と比べ，直せる部分は**赤ペン**で直しましょう。

● モデルの英文を，**意味を確かめながら**，書写・音読しよう。

○モデルの英文（順序だてて描写する表現②）

【Script】Japanese food has experienced a boom in the world. Today, let's cook Niku-jyaga, one of the Japanese homemade cuisines. First, cut potatoes, carrots, onions, and beef into bite-sized pieces. Next, put vegetable oil into a pan and heat it. Then, stir-fry the meat, onions, carrots, and potatoes. Add water, instant broth granules, and seasonings. Simmer them for about 15 to 20 minutes. When almost all the liquid is gone, it's ready to eat. Enjoy the taste of mother.

○次の場面を英語で表現してみよう！ （解答例は p. 259）

あなたは留学先で，作るのが得意，あるいは食べるのが好きな日本食を紹介することにしました。日本食を 1 つ取り上げて，その作り方を 5 ステップくらいにまとめ，伝えてください。

9. グループで討議していて（Group discussion） 難易度 ★★★★☆

【SITUATION】You are discussing the causes of global warming with your classmates in school. Now, you are the writer in the group and are going to report what you talked about to the whole class.

● 英語を聞いて必要なことをメモしよう。 Track 43

● メモから元の英文を復元させよう。(目安10分)

● もう一度英語を聞いてみよう。英語を聞いて直せるところがあったら自分で訂正しよう。(目安5分)

● モデルの英文を見て，自分が書いた英文と比べ，直せる部分は**赤ペン**で直しましょう。

● モデルの英文を，**意味を確かめながら**，書写・音読しよう。

○モデルの英文（因果関係を表す表現）

【TEXT】Our group was talking about the marine environment. As the temperature of the earth goes up, the ice in the sea melts. As a result, the sea level will rise. Some researchers say that the sea level has risen by about 15 to 20 centimeters in the past 100 years. Consequently, some islands have gone under water. In addition, the places where certain fish are caught have been changed by the rising sea temperature. For example, the fish that usually can be seen in Okinawa have been caught around the sea in Chiba. Without water, there would be no life on earth. Therefore, we have to keep a good marine environment.

○次の場面を英語で表現してみよう！ （解答例は p. 259）

あなたは地球温暖化防止のボランティアに参加して，駅前で PR 活動をします。地球温暖化でどのような事が生じ，その結果どのような問題が起きているかを，因果関係を明示してわかりやすく説明してください。

10. 授業にて (During a lesson)　難易度 ★★★★☆

【SITUATION】You are in a lesson and your teacher is telling you about what you should do as homework. You want to tell your best friend, who is absent today, about it.

● 英語を聞いて必要なことをメモしよう。 Track 44

● メモから元の英文を復元させよう。（目安8分）

● もう一度英語を聞いてみよう。英語を聞いて直せるところがあったら自分で訂正しよう。（目安４分）

● モデルの英文を見て，自分が書いた英文と比べ，直せる部分は**赤ペン**で直しましょう。

● モデルの英文を，**意味を確かめながら**，書写・音読しよう。

○モデルの英文（義務を表す表現）

【TEXT】I'm going to tell you about the homework you <u>should</u> do before the next lesson. First, you <u>should</u> read pages 32–37 of the textbook. What you <u>must</u> do next is to research global warming on the Internet and ask your parents about the differences in climates between their younger days and now. You <u>should</u> write more than 30 words and hand it in during the next lesson. The results of the homework will have an effect on your grade.

○次の場面を英語で表現してみよう！ （解答例は p. 259）

あなたは外国から来た留学生とトランプ（cards）をします。「大富豪」のルールについて，大貧民になった人が，大富豪にしなければならない義務★を伝えてください。

★ 一番強いカードを２枚あげる

11．歴史の授業にて (History class)　難易度 ★★★★★

【SITUATION】You are joining the History class at school. You want to remember the story that your teacher said before the test.

● 英語を聞いて必要なことをメモしよう。 Track 45

● メモから元の英文を復元させよう。（目安 10 分）

- もう一度英語を聞いてみよう。英語を聞いて直せるところがあったら自分で訂正しよう。(目安 5 分)

- モデルの英文を見て，自分が書いた英文と比べ，直せる部分は**赤ペン**で直しましょう。

- モデルの英文を，**意味を確かめながら**，書写・音読しよう。

○モデルの英文 (理由を述べる表現)

【TEXT】During the Iran-Iraq War, Iraq announced, "Forty-eight hours from now, all the airplanes flying over Iran will be shot down." More than 200 Japanese were left there because there was no regular flight between Iran and Japan. However, Turkey offered them a special flight, and they were able to fly out of Iran. The reason why Turkey saved the lives of Japanese goes back to a story that happened in 1890. One of the Turkish ships sank in the sea near Wakayama in Japan. Many Japanese people rescued the Turkish people. That is why they helped the Japanese people in the Iran-Iraq War. The strong relationship shows that the good you do for others is good you do for yourself.

○次の場面を英語で表現してみよう！ (解答例は p. 259)

日本の歴史に興味がある留学生と歴史上の出来事について話しています。日本史から 1 つ出来事を取り上げ，その出来事の因果関係を表現してみよう。

12. 観光地でのアナウンス (Announcement in a sightseeing spot)

難易度 ★★★★★

【SITUATION】You visit a famous national park, "Yosemite," in the U.S. You are listening to an explanation of the park. You want to post the information about the park with some pictures on social media.

● 英語を聞いて必要なことをメモしよう。 Track 46

● メモから元の英文を復元させよう。（目安 10 分）

● もう一度英語を聞いてみよう。英語を聞いて直せるところがあったら自分で訂正しよう。(目安 5 分)

● モデルの英文を見て，自分が書いた英文と比べ，直せる部分は**赤ペン**で直しましょう。

● モデルの英文を，**意味を確かめながら**，書写・音読しよう。

○ モデルの英文 (説明する表現)

【TEXT】Welcome to Yosemite National Park. This park was registered as a UNESCO world heritage site in 1984, which means Yosemite National Park is one of the best-known parks all over the world. The size of the park is nearly 1,200 square miles, which is the same as that of the State of Rhode Island. The main symbol is the Half Dome that is located 2,700 meters high. You can enjoy hiking, backpacking, or skiing in an icon of America's fantastic natural beauty, or one of the most beautiful places on earth.

○次の場面を英語で表現してみよう！ (解答例は p. 259)

ふるさとの魅力を発信するために，ソーシャルメディア（SNS）で，あなたの街の有名な観光地を紹介することにしました。説明する表現をうまく用いて，観光地を 1 つ紹介してください。

コミュニカティブ・ディクトグロスはどうでしたか？　適切に「場面」を把握し，どんな英語が使われていたかに注意を払うことができましたか？　次のページには，それぞれのストーリーの場面，言語機能，語数，**読みやすさの度合い**★ (readability) としての指標 (FRE/FKGL) を載せてありますので，参考にしてください。ただし，これらの数値はアメリカ人英語母語話者向けであり，日本人向けとしては適応学年がずれていますので，あくまでも参考程度であることに留意してください。

★読みやすさの度合い (readability)

英文の読みやすさの指標としてよく使用されるものに，次の 2 つがあります。

① **フレッシュ・リーディング・イーズ・フォーミュラ** (Flesch Reading Ease Formula: FRE)

ワープロソフトなどで測定できる読みやすさの指標です。語数，センテンス数，及び音節数を基に，読みやすさのスコアが 0 ～ 100 点で表示され，次のようなレベルとなっています。

FRE	英語レベル	米国における学年
100–90 点	非常に平易	Grade 5（小学校 5 年生）
90–80 点	平易	Grade 6（小学校 6 年生）
80–70 点	やや平易	Grade 7（中学 1 年生）
70–60 点	標準	Grade 8–9（中学 2 ～ 3 年生）
60–50 点	やや難しい	Grade 10–12（高校生）
50–30 点	難しい	大学生
30- 0 点	非常に難しい	大学生以上

② **フレッシュ・キンケイド・グレード・レベル** (Flesch-Kincaid Grade Level: FKGL)

これもワープロソフトなどで測定できる読みやすさの指標です。数値が小さいほど読みやすく，大きいほど読みにくいことを表しています。

「次の場面を英語で表現してみよう」の解答例（下線部は，ターゲットとなる表現）

1. I have a proposal for our traveling. Why don't we go skiing? It will be a good exercise and an opportunity to make a good relationship among us.

2. Mr. Brown, I have to write a letter in English. However, I don't have much confidence in my English composition. So, I was wondering if you could help me with English.

3. If I had 100 million yen, I would establish a kids' soccer team. I came to love soccer thanks to the coach who taught me it in elementary school. I wish I could invite Keisuke Honda as a coach for my team.

4. A helmet is important to protect your head during riding a bike, you know. We have a lot of cars running in Japan. You must wear it so that you may get less injury if something happens.

5. I would like to reform our school for students. We have a school cafeteria, but many of us are not satisfied with its menu. Why don't we take a survey and propose a new school lunch? What if we work as cafeteria staff as a part-time job after school and make our business larger? I would be very happy if you could approve my reform proposal.

6. Joe, would you please come to work tomorrow instead of me? I have a big test day after tomorrow, and I will have to study hard tomorrow.

7. Now, I'm telling you how to make crane with an origami paper. First, fold twice to make a triangle, then open the top layer and flatten to make a square. Turn it over, then do the same. Second, make creases and open the top layer. Third, turn over, make creases again, and do the same thing. Then, fold the top layer edges to the center

and turn it over. Do the same thing on the other side. Fold up right and left bottom tips. Finally, fold down the head and spread the wings and blow into the hole under the wings.

8. I'll tell you how to make okonomiyaki, a local type of pancake. First, cut the ingredients, such as cabbage, bean sprouts, and slice the pork back ribs into 2 or 3 pieces each. Next, put them, eggs, and okonomiyaki flour powder in a bowl and mix them lightly with a spoon to form a batter. Then, put some oil in a frying pan or a hot griddle and pour the batter into the frying pan with a ladle and spread it into a round shape.

9. Because of global warming, the temperature on the earth goes up every year. As a result, the glaciers are melting and getting smaller. Please look at this picture. Polar bears have lost their places to live. This is the future scene for humans.

10. This game is called the Japanese version of Uno. The poorest player has to give two cards that are most valuable to the richest player.

11. Japan adopted the policy of national isolation during the Edo period because the Edo shogunate feared the spread of Christianity that has reached by the southwest fiefs through foreign trade reasons.

12. We have Kenrokuen Garden in Kanazawa. The size of the garden is nearly 117 square kilometers which is 2.4 times as big as Tokyo Dome. You can see many beautiful trees and views there and realize the marvelous skill of taking care of trees that is Japanese craftsmanship.

コミュニカティブ・ディクトグロス　各英文の特性

	場面	言語機能	語数	FRE	FKGL
1	Let's go to a movie!	Proposing ①	56	85.4	3.3
2	Telephone message	Request ①	51	82.7	4.8
3	Interview to your teacher	Expressing wishes	77	88.3	4.1
4	Radio program	Telling the purpose	71	80.4	5.5
5	School counsel meeting	Proposing ②	94	74.3	5.9
6	Reservation for a restaurant	Request ②	75	77.9	5.4
7	Visiting a car factory	Process description ①	99	78.9	6.3
8	Cooking show on TV	Process description ②	78	63.5	6.5
9	Group discussion	Cause and effect	111	69.3	6.6
10	During a lesson	Giving duties	80	76.3	6.5
11	History class	Giving reasons	120	64.0	8.0
12	Announcement in a sightseeing spot	Giving explanations	91	57.2	9.7

さいごに

私たちにとって「外国語」である英語を習得するのは簡単なことではありません。その習得のプロセスは，ネイティブの子どもが「自然とことばがわかるようになった」ということとはわけが違います。この本を手にし，練習していただいたことをはじめとして，英語の習得には「努力」が必要不可欠となってきます。その努力に見合った実力が付くようにということを念頭に置いてこの本を書いたつもりです。また，ネイティブでも読むことが不得手な人がいたり，また聞けたとしても，読めないとか書けないという人がいたりします。つまり聞く・話す・読む・書くという力は互いに関連していても，不得手な技能を鍛え，それぞれをバランスよく統合的に伸ばす必要があります。しかし，今までよく目にした英語の練習本を見ると，この４つの技能（聞く・話す・読む・書く）を総合的に練習することを目指したものはあまりありませんでした。スポーツを考えても，走るだけ，投げるだけ，ましてやルールを覚えるだけの練習はかなり苦痛ですが，試合をしながら走ったり，投げたり，ルールを学ぶと自然と体が動くものです。読者のみなさんは，このディクトグロスを通して，英語の「聞く」「話す」「読む」「書く」，そして「ルール（文法）を体得する」ことを有機的に関連付けて，総合的に練習できたのではないかと思います。この本がみなさんの英語力向上の一助になれば幸いです。

参考文献

〈日本語文献〉

浅見道明他 (2012).『Power On Communication English I』. 東京：東京書籍.

アルク (2007).『キクタンリーディング Basic 4000』.

和泉伸一 (2009).『「フォーカス・オン・フォーム」を取り入れた新しい英語教育』. 東京：大修館書店.

伊東治巳 (1984).『英語のリスニング』. 吉田衛 (編). 東京：大修館書店.

卯城祐司 (2009).『英語リーディングの科学―「読めたつもり」の謎を解く』. 東京：研究社.

卯城祐司 (2011).『英語で英語を読む授業』. 東京：研究社.

浦野研 (2012).「第二言語学習者の暗示的文法知識の測定法―構成概念妥当性の視点から―」.『メソドロジー研究部会 2012 年度報告論集』. 外国語教育メディア学会 (LET) 関西支部. 36-45 頁.

小笠原真司 (2001).「トップダウンとボトムアップに基づいたリスニング指導の効果―1 年間の縦断的研究からの報告」.『長崎大学教育学部紀要教科教育学』37 巻 77-89 頁.

門田修平 (2007).『シャドーイングと音読の科学』. 東京：コスモピア.

門田修平・氏木道人・野呂忠司 (2010).『英語リーディング指導ハンドブック』. 東京：大修館書店.

河合 隼雄 (1998).『心の処方箋』. 東京：新潮文庫.

北村英子 (2005).「音読筆写時間と高校生の英語能力の関係」.『STEP Bulletin』17 巻 81-94 頁.

礬田隆史 (2013).『「考える力」をつける本』. 東京：三笠書房.

小林潤子 (2006).「英語学習方法の考察：音読，暗唱，筆写」.『STEP Bulletin』18 巻 39-49 頁.

霜崎實他 (2006).『CROWN English Series II New Edition』. 東京：三省堂.

白畑知彦 (2015).『英語指導における効果的な誤り訂正―第二言語習得研究の見地から』. 東京：大修館書店.

白畑知彦・若林茂則・村野井仁 (2010).『詳細第二言語習得研究 理論から研究法まで』. 東京：研究社.

白畑知彦・冨田祐一・村野井仁・若林茂則 (2009).『改訂版 英語教育用語辞典』. 東京：大修館書店.

鈴木渉 (2014).「技能統合型の活動を授業に取り入れよう―ディクトグロスの活用

法―」.『CHART NETWORK』73 巻 5-8 頁.
高島英幸 (1999).『コミュニケーションにつながる文法指導』. 東京：大修館書店.
瀧沢広人 (1997).『授業改革双書 21　英語ライティング集』. 東京：明治図書.
竹内理・水本篤 (2014).『外国語教育研究ハンドブック 改訂版』. 東京：松柏社.
竹蓋幸生 (1984).『ヒアリングの行動科学』. 東京：研究社出版.
田辺尚子他 (2016).『LANDMARK Fit English Communication I』. 東京：啓林館.
中山誠一 (2012).「状況モデルと聴解指導法」.『城西大学国際文化研究所紀要』17 巻 36-52 頁.
藤田哲也・堀内孝 (1998).「潜在・顕在記憶課題における自己関連付け効果」.『心理学研究』69 巻 414-429 頁.
樋口忠彦 (2007).『すぐれた英語授業実践』. 東京：大修館書店.
前田昌寛 (2008).「ディクトグロスを用いたリスニング能力を伸ばす指導―技能間の統合を視野に入れて―」.『STEP Bulletin』20 巻 149-165 頁.
前田昌寛 (2012).『高校英語「授業は英語で」はどこまで？―生徒のコミュニケーション能力を伸ばすために―』. 石川：北國新聞社出版局.
前田昌寛・岡野定孝裕 (2010).「ストラクチャー・クラスと文法指導」. 中部地区英語教育学会石川大会 (口頭発表).
政村秀實 (2002).『英語語義イメージ辞典』. 東京：大修館書店.
宮迫靖静 (2002).「高校生の音読と英語力は関係があるか？」.『STEP Bulletin』14 巻 14-25 頁.
箕輪紀子 (2020).「ビジネスコミュニケーション」ブラッシュアップ研修. 2020 年 9 月 15 日 (於金沢星稜大学).
村野井仁 (2006).『第二言語習得研究から見た効果的な英語学習法・指導法』. 東京：大修館書店.
村野井仁 (2016).「日本人英語学習者の文法力測定のための診断テスト開発」.『東北学院大学論集・英語英文学』100 巻 1-44 頁.
邑本俊亮 (2000).「第二言語の文章理解過程に及ぼす習熟度の影響：文再認課題による実験」.『読書科学』44 号 43-50 頁.
望月昭彦・久保田章・磐崎貞弘・卯城祐司 (2018).『新学習指導要領にもとづく英語科教育法』. 東京：大修館書店.
文部科学省 (2009).『高等学校学習指導要領』. 東京：東山書房.
文部科学省 (2014).「国際共通語としての英語力向上のための 5 つの提言と具体的施策」.
文部科学省 (2018).『中学校学習指導要領』. 東京：東山書房.
文部科学省 (2019).『高等学校学習指導要領』. 東京：東山書房.
山田雄一郎 (2006).『英語力とは何か』. 東京：大修館書店.
森敏昭・中條和光 (2005).『認知心理学キーワード』. 東京：有斐閣.
米山朝二・杉山敏・多田茂 (2002).『英語科教育実習ハンドブック』. 東京：大修館書店.

〈英語文献〉

Allan, M. (1985). *Teaching English with video*. London: Longman.

Bacon, S. M. (1992). Authentic listening in Spanish: How learners adjust their strategies to the difficulty of input. *Hispania*, *75*, 29-43.

Baddeley, A. D. (1986). *Working memory*. Oxford: Oxford University Press.

Baddeley, A. D., & Lewis, V. (2007). Exploring the articulatory loop. *The Quarterly Journal of Experimental Psychology*, *36*, 233-252.

Bartram, M., & Walton, R. (1991). *Correction*. London: Language Teaching Publications.

Chang, A. C.-S., & Read, J. (2006). The effects of listening support on the listening performance of EFL learners. *TESOL quarterly*, *40*, 375-397.

DuBay, W. H. (2004). The principles of readability. *Impact Information*. California: Plain-Language Services.

Ellis, R. (1994). *The study of second language acquisition*. Oxford: Oxford University Press

Ellis, R. (2003). *Task-Based language learning and teaching*. Oxford: Oxford University Press.

Fotos, S. (1993). Consciousness-raising and noticing through Focus on Form: Grammar task performance versus formal instruction. *Applied Linguistics*, *14*, 385-407.

Graesser, A. C., Singer, M., & Trabasso, T. (1994). Constructing inferences during narrative text comprehension. *Psychological Review*, *101*, 371-395.

Graesser, A. C., Wiemer-Hastings, K., Wiemer-Hastings, P., & Kreuz, R. (1999). Auto tutor: A simulation of a human tutor. *Journal of Cognitive Systems Research*, *1*, 35-51.

Ikeno, O. (1996). The effects of text-structure-guiding questions on comprehension of texts with varying linguistic difficulties. *JACET Bulletin*, *27*, 51-68.

Izumi, S. (2002). Output, input enhancement, and the noticing hypothesis. *Studies in Second Language Acquisition*, *24*, 541-577.

Jacobs, G. M., & Small, J. (2003). Combining dictogloss and cooperative learning to promote language learning. *The Reading Matrix*, *3*, 1-14.

Johnson, D., Johnson, R., & Holubec, E. (1994). *The new circles of learning: Cooperation in the Classroom and School*. Virginia: ASCD.

Johnson, D., & Johnson, R. (1999). The three Cs of classroom and school management. In H. Freiberg (Ed.), *Beyond behaviorism: Changing the classroom management paradigm*. Boston: Allyn & Bacon.

Kagan, S. (1994). *Cooperative learning. San Juan Capristrano,* CA: Kagan Cooperative Learning.

Kidd, R. (1992). Teaching ESL grammar through dictation. *TESOL Canada journal, 10*, 49-61.

Kintsch, W. (2004). The construction-integration model of text comprehension and its implications for instruction. In R. B. Ruddell & N. J. Unrau (Eds.), *Theoretical mdels and processes of reading* (5th ed.) (pp. 1270-1328). New York: International Reading Association.

Kintsch, W., Welsch, D., Schmalhofer, F., & Zimny, S. (1990). Sentence memory: A theoretical analysis. *Journal of Memory and Language, 29*, 133-159.

Kowal, M., & Swain, M. (1997). From semantic to syntactic processing: How can we promote it in the immersion classroom? In R.K. Johnson & M. Swain (Eds.), *Immersion education: International perspectives.* (pp. 284-309). New York: Cambridge University Press.

Krashen, S. (1981). *Second language acquisition and language learning.* Oxford: Pergamon Press.

Krashen, S. (1982). *Principles and practice in second language acquisition.* Oxford: Pergamon.

Krashen, S. (1985). *The Input Hypothesis; Issues and Implications.* London: Longman.

Larsen-Freeman, D. (1991). Teaching grammar. In M. Celce-Murcia (Ed.), *Teaching English as a second or foreign language* (pp. 279-296). Boston, MA: Heinle & Heinle.

Larsen-Freeman, D. (2003). *Teaching grammar: From grammar to grammaring.* Boston, MA: Thomson-Heinle.

Long, M. (1985). Input and second language acquisition theory. In S. M. Gass & C. G. Madden (Eds.), *Input in second language acquisition* (pp. 377-393). Rowley, MA: Newbury House.

Long, M. (2007). *Problems in SLA*. Mahwah, NJ: Erlbaum.

Long, M., & Robinson, P. (1998). Focus on form theory, research, and practice. In Doughty, C. & Williams, J (Eds.), *Focus on form in classroom second language acquisition*, 15-41. New York: Cambridge University Press.

Lyster, R., & Ranta, R. (1997). Corrective feedback and learner uptake: Negotiation of form in communicative classrooms. *Studies in Second Language Acquisition, 19*, 37-66.

Maeda, M. (2017). The effect of questions on EFL learners' situation models: Types of question, text levels and learners' L2 reading proficiency, *JLTA Journal, 20*, 37-56.

Maeda, M. (2018). The potential advantage of dictogloss as an assessment tool for EFL learners' proficiency, *ARELE, 29*, 33-48.

Maeda, M. (2020). The relation between note-taking ability and dictogloss outcome: Through the comparison of dictogloss practice both in Japanese and English, *Journal of the Chubu English Language Education Society, 49*, 95-102.

Maeda, M. (2020). Instruction through dictogloss, *Kanazawa Seiryo University Bulletin of the Humanities*, *5*, 1-8.

Morley, J. (1990). Trends and developments in listening comprehension: theory and practice. *Georgetown University round table on language and linguistics*, 317-337.

Nourdad, N., & Aghayi, E. T. (2014). Focus on form in teaching passive voice of different tenses. *Social and Behavioral Sciences*, *98*, 1400-1408.

Prince, P. (2013). Listening, remembering, writing: Exploring the dictogloss task. *Language Teaching Research*, *17*, 486-500.

Qin, J. (2008). The effect of processing instruction and dictogloss tasks on acquisition of the English passive voice, *Language Teaching Research*, *12*, 61-82.

Quirk, R., Greenbaum, S., Leech, G., & Svartvik, J. (1985). *A comprehensive grammar of the English language*. London, UK: Longman.

Richards, J. C. (2006). Material development and research: Making the connection. *RELC journal*, *37*, 5-26.

Schmidt, R. (1990). The role of consciousness in second language learning. *Applied Linguistics*, *11*, 17-46.

Sheerin, S. (1987). Listening comprehension: Teaching or testing? *ELT Journal*, *41*, 126-131.

Shintani, N., Ellis, R., & Suzuki, W. (2014). Effects of written feedback and revision on learners' accuracy in using two English grammatical structures. *Language Learning*, *64*, 103-131.

Stockwell, M. A. (2010). Literature review: The theoretical underpinning of dictogloss. *Journal of Sugiyama Jogakuen University*, *41*, 109-119.

Suzuki, W., Leis, A., & Itagaki, N. (2014). An investigation into effects of feedback through grammar explanation and direct correction in second language writing. *ARELE*, *25*, 49-63.

Swain, M. (1985). Communicative competence: Some roles of comprehensible input and comprehensible output in its development. In S. M. Gass., & C. G. Madden (Eds.), *Input in second language acquisition* (pp.235-253). Rowley, MA: Newbury House.

Swain, M. (1998). Focus on form through conscious reflection. In C. Doughty & J. Williams (Eds.), *Focus on form in classroom second language acquisition* (pp. 64-81). New York: Cambridge University Press.

VanPatten, B., Inclezan, D., & Salaza, H. (2009). Processing instruction and dictogloss: A study on object pronouns and word order in Spanish, *Foreign Language Annals*, *42*, 557-575.

Vasiljevic, Z. (2010). Dictogloss as an interactive method of teaching listening comprehension to L2 learners. *English Language Teaching*, *3*, 41-52.

Vygotsky, L. S. (1978). *Mind in society: The development of higher psychological processes*. Cambridge, MA: MIT Press.

Wajnryb, R. (1988). The dictogloss method of language teaching: A text-based, communicative approach to grammar. *English Teaching Forum*, *26*, 35-38.

Wajnryb, R. (1990). *Grammar dictation*. Oxford: Oxford University Press.

索　引

1. 英語で始まるものも日本語読みで五十音順に並べている.
2. 数字はページ数を示す.

[か行]

[さ行]

[た行]

［な行］

［は行］

［ま行］

［や行］

［ら行］

［わ行］

著者紹介

前田　昌寛（まえだ　まさひろ）

1975年 石川県金沢市生まれ。青山学院大学文学部英米文学科卒業。筑波大学大学院教育研究科教科教育専攻英語教育コース修了。修士（教育学）。石川県公立高校教諭として3校20年間にわたる勤務を経て，金沢星稜大学人文学部専任教員。金沢星稜大学附属星稜幼稚園英語課外活動アドバイザー。現在勤務をしながら，筑波大学大学院人文社会ビジネス科学学術院人文社会科学研究群博士後期課程に在学中。2008年に文部科学省・独立行政法人教員研修センターより派遣され英国・バーミンガム大学にて，2014年に日本英語検定協会より派遣され英国・ケンブリッジ大学にて留学。

受賞歴に，第20回英検研究助成（奨励研究）入選，第58回中村英語教育賞第3位入賞，第23回英検研究助成（委託部門）入選，語学教育研究所「外国語教育研究奨励賞」，第64回読売教育賞優秀賞（外国語教育部門），筑波大学学長表彰，全国国際教育研究協議会功労者表彰などがある。

著書に，『高校英語「授業は英語で」はどこまで？—生徒のコミュニケーション能力を伸ばすために—』（単著，北國新聞社出版局），文部科学省検定済教科書『Genius English Communication Teacher's Book』（単著，大修館書店），『授業力アップのための英語教師自己啓発マニュアル』（共著，開拓社）などがある。主な論文に，The effect of questions on EFL learners' situation models: Types of question, text levels and learners' L2 reading proficiency (*JLTA Journal*, *20*, 37-56)，The potential advantage of dictogloss as an assessment tool for EFL learners' proficiency (*ARELE*, *29*, 33-48) などがある。

2012年に行われた「第62回全国英語教育研究大会（全英連石川大会）」では高等学校授業実演者を務め，参観者約1200名の前で授業を行った。また，同研究大会にて分科会発表者も務めた。日本英語検定協会「英検セミナー」，ELEC英語教育協議会などのセミナー講師，講演会講師を全国で多数務める。全国・中部地区英語教育学会，日本言語テスト学会会員。

英文校閲：エディテージ
英文音声：ELEC英語教育協議会

新学習指導要領対応
「ディクトグロス」を取り入れた
英語力を伸ばす学習法・指導法

著作者　前田昌寛
発行者　武村哲司
印刷所　日之出印刷株式会社

2021年3月22日　第1版第1刷発行©

〒112-0013 東京都文京区音羽1-22-16
発行所　株式会社　開拓社
電話　(03)　5395-7101　(代表)
振替　00160-8-39587
http://www.kaitakusha.co.jp

ISBN978-4-7589-2296-8　C3082